COLECCIÓN POPULAR

627

BERLÍN DESPUÉS DEL MURO

Traducciones de

MARLENE RALL
ENRIQUE MARTÍNEZ PÉREZ
JAVIER GARCÍA GALIANO
JOSÉ ANÍBAL CAMPOS GONZÁLEZ
OLIVIA REINSHAGEN-HERNÁNDEZ
LIANE REINSHAGEN JOHO
LUCÍA LUNA ELEK
DANIELA WOLF
CÉSAR JIMÉNEZ
MARÍA ESPERANZA ROMERO
RICHARD GROSS
CLAUDIA CABRERA
DIETRICH RALL
MARTA PASCUAL
EDDA WEBELS

BERLÍN
DESPUÉS DEL MURO
Antología

Compilación y prólogo de
JÜRGEN JAKOB BECKER

COLECCIÓN

POPULAR

FONDO DE CULTURA ECONÓMICA
MÉXICO

Primera edición, 2002

Agradecemos el valioso
apoyo del Goethe-Institut Inter Nationes
y del Literarisches Colloquium Berlin –lcb–
para la realización de esta antología

Comentarios y sugerencias: editor@fce.com.mx
Conozca nuestro catálogo: www.fce.com.mx

D. R. © 2002, Fondo de Cultura Económica
Carretera Picacho-Ajusco, 227; 14200 México, D. F.

ISBN 968-16-6690-9

Impreso en México

LA CIUDAD DESPUÉS DEL MURO
Nueva literatura de Berlín

JÜRGEN JAKOB BECKER
Traducción de Edda Webels

EL 9 DE NOVIEMBRE DE 1989 llevó a Berlín de un solo golpe al foco de la atención mundial: imágenes de gente jubilosa, llorando de alegría, dieron la vuelta al globo y transmitieron una visión simpática de una Alemania en la que acababa de consumarse una revolución pacífica, antitotalitaria. La fecha marca una incisión masiva en la historia que sorprendió a todos los contemporáneos por la consecuencia de su progresión. Significó el fin de la Guerra Fría, cuyas huellas en ninguna parte se apreciaban de manera más palpable que en Berlín. Fue el fin de la ciudad dividida, de un estado de excepción que había perdurado más de 28 años y al que posteriormente —como se vería más adelante— más de uno habría de añorar: del lado oriental la "capital de la RDA", el centro de poder de un régimen socialista real anquilosado que se resistió hasta el final a la *perestroika* y sufrió por ello el castigo de la historia (la sentencia de Gorbachov: "La vida castiga a quien llega tarde" se convirtió en proverbial); una gran urbe con una cultura local propia y todas las contradicciones de una metrópoli socialista. Del lado occidental una ciudad-Estado encerrada por un Muro, un ente marcado en igual medida tanto por una mentalidad pequeñoburguesa como por una vanguardia alternativa, económicamente débil, pero aun así, gracias al generoso apoyo financiero de la República Federal, un lugar donde se vivía bastante bien. Como ciudad siamesa describió Peter Schneider el Berlín del Muro, y aludió con ello, en realidad, también a un país siamés, cuyas mitades gemelas llevaban cada una su vida propia y aun así eran inconcebibles la una sin la otra.

Como era natural, el paroxismo de alegría no persistió mucho tiempo después del 9 de noviembre. Entre el colapso de la RDA, la caída del Muro, las primeras elecciones libres, el establecimiento de la unión monetaria y la reunificación estatal el 3 de octubre de 1990, transcurrieron tan sólo algunos meses. Durante ese presente vertiginoso, todo un país fue trastrocado, mundos de vida se convirtieron en objetos de museo y se escribieron biografías de ganadores y perdedores. Tierra fértil para la creación literaria.

Este libro relata historias de la nueva capital alemana. Historias que tratan del llegar y del irse, de la fusión desbordante y de las corrientes que conducen al distanciamiento de dos sociedades. Contiene textos de 19 escritores radicados en Berlín, escritos durante los recientes años de cambio: pasajes de novelas y obras en prosa, cuentos, apuntes. En la primera parte, Durs Grünbein, David Wagner, Brigitte Burmeister y Peter Schneider esbozan topografías de

Berlín. Sus imágenes urbanas cuentan con una notable profundidad de campo histórica, y transmiten al lector mucho más que la visión superficial del paisaje citadino. Jochen Schmidt, Terézia Mora y Wladimir Kaminer relatan historias relacionadas con la llegada a la sociedad occidental durante el breve lapso de anarquía inmediatamente posterior a la caída del Muro. En la tercera parte, se agrupan nueve textos que sondean las posibilidades del cuento o la *short story*. Sus protagonistas son los habitantes de Berlín. Y finalmente tienen la palabra tres autores en cuya obra ocupa un lugar central la experiencia vivida durante el socialismo en la RDA: Christoph Hein, con el comienzo de su novela más reciente *Willenbrock*; Hans Joachim Schädlich, con su conmovedor relato de la traición fraterna, y Wolfgang Hilbig, con un texto muy característico, en el cual el expresivo fluir del lenguaje ilustra el papel singular de este autor en la literatura alemana contemporánea.

Por otra parte, esta antología documenta un nuevo auge de la literatura alemana que a estas fechas también se está poniendo de manifiesto en la recepción internacional de novelas y narrativa en lengua alemana. Dicho auge no se limita a los autores que residen en Berlín, ni mucho menos puede remitirse a un nuevo florecimiento de la novela urbana, pero no hay otro lugar donde se "materialice" mejor que en la vida literaria del Berlín posterior al gran cambio.

Echemos una mirada hacia el pasado: después de la reunificación, las visiones políticas de Berlín como "eje de rotación entre Este y Oeste" estaban en boca de todos. Grandes concursos de arquitectura para las zonas urbanas de la Potsdamer Platz o la Alexanderplatz, que habían quedado desoladas después de la segunda Guerra Mundial, bosquejaron los contornos de una *boomtown* del siglo XXI. Y también en cuanto a la literatura prevalecía la idea de que Berlín habría de continuar la tradición de los dorados años veinte, cuando la "capital de la era moderna" encontró su descripción e interpretación sin par en *Berlin Alexanderplatz* de Alfred Döblin (1929). En realidad, no fue sino congruente que la crítica literaria, no bien hubo caído el Muro, reclamara la gran "novela del cambio" con la adecuada interpretación de los acontecimientos en prosa, y que lamentara la ausencia de tal obra con creciente sinsabor.

Desde luego, la pretensión de que la literatura tratara de inmediato los acontecimientos históricos del momento era demasiado osada. En lugar de ello, había llegado el momento de los grandes ajustes de cuentas y, precisamente en el plano del debate político, los escritores no tardaron en convertirse en personajes simbólicos de las disputas que se fueron suscitando en torno a la superación del pasado. Ya en el otoño de 1990, Christa Wolf, que había gozado de gran prestigio tanto en Occidente como en el ámbito internacional, se convirtió en blanco de una campaña que reinterpretaba la bancarrota del sistema de la RDA como la bancarrota moral de algunos escritores que, como Christa Wolf o Volker Braun, asumieron una conducta solidaria frente al régimen de la RDA y seguían acariciando la idea de una alternativa socialista. Se les acusó de haber hecho, en última instancia, causa común con el Estado en el que habían vivido. Y de pronto se descubrieron en sus libros rasgos de mendacidad y una actitud de "intimidad al abrigo del poder". Escritores como Günter Grass y Walter Jens salieron en defensa de los autores, pero la polarización del debate se habría de agudizar aún más en los tiempos subsecuentes. El año de 1991 marca el inicio del llamado "debate de la *Stasi*" (policía secreta de la RDA). Una vez abiertos los archivos del servicio secreto de la RDA, algunos escritores germanorientales fueron desenmascarados como espías de dicha organización. Las sospechas expresadas con prontitud, por un lado, y las estrategias de minimización de muchos actores, por el otro, envenenaron el ambiente por varios años y constituyeron replanteamientos de la pregunta de fondo por culpa y castigo o, dicho en otros términos, por la relación entre estética y moral: ¿deben quedar también desacreditados artísticamente los autores moralmente corruptos? De todos modos, la desaparición de la RDA implicó el final de la literatura de la RDA, una literatura que se había gestado en las condiciones del socialismo realmente existente y de la censura, y cuya recepción siempre estuvo marcada por premisas políticas.

Pero el cambio también marcó una cesura para la literatura de la República Federal de Alemania. Con él, había llegado a su fin la literatura de la posguerra, que había estado dominada por autores prominentes como Heinrich Böll, Uwe Johnson y Günter Grass. Su literatura lleva la impronta de la experiencia bélica, de la superación del régimen nazi y de un impulso moral para la escritura. Es cierto que esta generación, ya desde hacía mucho, había traspasado el cenit de su importancia al comenzar la década de los noventa, salvo si tomamos en cuenta la tardía celebridad del premio Nobel 1999, Günter Grass. En aquellos momentos, el panorama literario estaba determinado por figuras solitarias, como el autor teatral y novelista Botho Strauss o los austriacos Peter Handke, Elfriede Jelinek y Christoph Ransmayr, autores exitosos, pero que en sentido estricto nunca fueron representativos y mucho menos populares, y se mostraban reacios a ser acaparados por algún público político, cualquiera que fuese su signo. En la discusión literaria de aquel entonces prevalecía la opinión de que la literatura alemana estaba pasando por un periodo difícil. También en los años setenta y ochenta se escribía buena literatura en Alemania, pero lo que predominaba era un sentimiento de crisis. Muchos de los autores de la generación joven se ejercitaban en estilos experimentales, rapsódicos —las "simulaciones de la realidad" eran un recurso socorrido, de preferencia con triple fractura— y desembocaban en la abstracción. Con frecuencia, el gusto por el juego posmoderno se agotaba en un mero virtuosismo exento de contenido que acabó por no interesar a nadie, y mucho menos al público lector. La recepción en el extranjero fue decreciendo: en retrospectiva, los editores alemanes hablan de una

12

"experiencia humillante" al recordar sus intentos de ofrecer sus libros a colegas extranjeros. La literatura alemana tenía la mala fama de ser académica, seria e indigesta.

Un puñado de obras en prosa, preponderantemente de autoras y autores jóvenes, dio, a mediados de los noventa, la señal de retorno a lo épico. Ingo Schulze (*1962), originario de Dresde, publicó en 1995 su obra en prosa *33 Augenblicke des Glücks* (Treinta y tres instantes de dicha) y, tres años más tarde, *Simple Storys*, la "novela sobre el ambiente provinciano de Alemania del Este" que le dio fama. En 29 relatos breves, el autor rastrea la ruptura en las biografías de sus protagonistas estealemanes. En instantáneas, relatadas de manera desapasionada, enfoca a los perdedores y a los pequeños ganadores del cambio y plasma los grandes contextos en la descripción de lo pequeño. Con toda intención, Ingo Schulze retoma la tradición de la *short story* estadunidense: John Cheever, Richard Ford y muy especialmente Raymond Carver figuran entre sus modelos. Como es sabido, la obra de Carver le sirvió a Robert Altmann como fuente de inspiración para su película *Short Cuts* e Ingo Schulze encontró en estos textos el tono adecuado para describir sus propias experiencias posteriores a 1989: "En un brevísimo lapso, el marco alemán y la República Federal habían convertido a Alemania Oriental en un país que se parecía más al de Carver que al de su pasado más reciente. Por ello me pareció tan adecuado el estilo "tradicional" de Carver para la descripción de la Alemania Oriental posterior a 1989. A través de él, el nuevo mundo se tornó más transparente". Carver también desempeñó un papel importante para Judith Hermann (*1970), nacida en Berlín Occidental. Con su *opera prima*, *Sommerhaus, später* (Casa de verano, más tarde, 1998), consiguió la autora un éxito sensacional. Jóvenes berlineses del ambiente bohemio son los personajes de sus historias, que hablan de la tensión entre la vida vivida y la que se ha dejado escapar. Stein, el protagonista del cuento que da título a su libro, es un joven taxista sin domicilio, pero aun así, no es lo que comúnmente se entiende por una persona sin techo. Durante tres semanas encuentra cobijo, con todo y sus bolsas de plástico, en casa de una joven mujer, que finalmente acaba por ponerlo nuevamente, sin dramatismo alguno, de patitas en la calle. Meses más tarde, él le habla por teléfono para decirle que había puesto en práctica su sueño de una casa propia en el campo. Sólo a ella, la narradora en primera persona, le muestra su casa y luego, durante meses, le envía regularmente tarjetas postales, declaraciones de amor encubiertas que un día cualquiera resultan tardías: la felicidad siempre es el momento en el cual nada sabemos de ella. Judith Hermann le ha dado a esa experiencia una forma contemporánea. El talento narrativo de la autora berlinesa Tanja Dückers (*1968) se manifiesta en la decisión de sus personajes. Su novela *Spielzone* (Zona de juego,1999) narra las historias personales de gente joven del distrito proletario de Neukölln y el barrio bohemio de Prenzlauer Berg después de la caída del

Muro. Su preciso don de observación y un lenguaje ejercitado por la dicción berlinesa hacen de esta novela un retrato de su época. En ella se podrá leer en un futuro acerca de la vida de los jóvenes bohemios del Berlín de los años noventa. También en el volumen de cuentos *Café Brazil* (2001) de Tanja Dückers nos encontramos con una cantidad de *strange and funny people*, personajes que tienen un secreto porque hacen cosas extraordinarias. Una estudiante rubia celebra la seducción de su amante número cien; un hombre, felizmente casado, mantiene relaciones homosexuales con su mejor amigo; un empleado se introduce todos los sábados por la noche en la casa de su ex novia y modifica allí pequeños detalles. Una crítica descubrió en estos textos una "poética de lo no cotidiano". Tanja Dückers aprovecha el clásico clímax agudo de la *short story* para analizar a los personajes en el intento de vivir sus sueños más recónditos, que se manifiestan, ante todo, en el ámbito sexual. Las obras de Tim Staffel (*1965) giran en torno a la violencia, la muerte y el amor incondicional. Su *opera prima* novelística *Terrordrom* (1998) convierte a Berlín en escenario de una visión apocalíptica de violencia y frialdad que le ha valido la fama de *bad guy*. Muy solicitado como autor y director teatral, Staffel es un maestro de los diálogos rápidos; su lenguaje es directo, rítmico y siempre certero, y tal como se aprecia en el cuento "Queso cottage", aquí reproducido, le confiere a sus textos, con la jerga fría e impertinente de sus protagonistas, el ritmo y la presencia de entornos sociales que prácticamente no habían tenido cabida en la literatura alemana hasta ahora. *Heimweh* (Nostalgia), su novela publicada en el año 2000, comienza con un asalto bancario perpetrado por dos *drop-outs* que se lanzan en un Mustang modelo 67 a lo que ellos conciben como su vida. En su aspecto superficial, la acción transcurre a la manera de un *road-movie*, pero detrás de ella se oculta una *sentimental journey* de los protagonistas en busca de amistad, amor y terruño. Staffel gusta de lo arriesgado y pocos autores tienen, como él, el valor de asumir gestos patéticos.

Los autores aquí mencionados son ejemplos de un cambio de mentalidad en la literatura alemana más reciente, un cambio que está marcado por una nueva confianza en las posibilidades de enfrentar el presente con los recursos de la narrativa, ya sea en historias de amor, descripciones de ambientes determinados o *thrillers,* o a través de la recuperación de experiencias de la infancia. Esto último es una tendencia particularmente notable entre los escritores más jóvenes. Ellos son de mucho mundo, triunfadores y profesionales en el trato con "el negocio literario" y con un sector de los medios de comunicación que ha descubierto para sí mismo los rostros de autores que prometen buenas ventas.

Todo aquel que se interese en la literatura y visite Berlín en la actualidad, acabará sorprendido por la vitalidad de la vida literaria de la ciudad, que se manifiesta en un sinnúmero de lecturas, discusiones, *performances* y actos de poesía oral (*spoken poetry*). En ninguna otra ciudad alemana hay tantos foros para la literatura como en Berlín: instituciones como el Literarisches Colloquium Berlin (www.lcb.de) y la Literaturwerkstatt (www.literaturwerkstatt.org) promueven tanto a escritores individuales como el intercambio literario internacional y constituyen un foro para el análisis del fenómeno que representa la literatura contemporánea. Presentaciones con Judith Hermann o con estrellas internacionales como Michel Houellebecq y Viktor Pelewin llenan las salas. En cafés y clubes de los distritos bohemios de Mitte, Prenzlauer Berg y Friedrichshain se arremolina un ambiente literario vivaz en torno a los llamados "escenarios de lectura" con nombres como *LSD-Liebe statt Drogen* (Amor en vez de drogas), *Russendisko* (Disco de los rusos) o *Chaussee der Enthusiasten* (Calzada de los entusiastas). Allí, noche tras noche se encuentran hombres jóvenes de alrededor de los treinta que, con ironía, tímida melancolía y una buena porción de sarcasmo, relatan, para regocijo de su público joven, historias de su propia vida. Las más de las veces se trata de vivencias tristes de su infancia en la RDA, pero a través de la narración de estos episodios surge algo así como el terruño perdido de los jóvenes alemanes del Este de la generación posterior a la caída del Muro. En estos lugares, en vez de agua se bebe cerveza, en vez de mortificarse se asume una actitud *cool* y en vez de genialidad se hace alarde de un comportamiento diletante: el *underground* literario como fenómeno sociológico. Wladimir Kaminer y Jochen Schmidt han surgido de este ambiente.

La escena literaria se caracteriza por una actitud de apertura, de ausencia de rigidez; en las fiestas que organizan editoriales, agentes y periódicos, se observan periodistas, políticos y literatos en continuo diálogo. Berlín ejerce gran atracción en los ambientes intelectuales y creativos mucho más allá de las fronteras nacionales. En la ciudad a orillas del Spree se han avecindado escritores procedentes de Estados Unidos y de Europa central y oriental (hay, por ejemplo, un considerable grupo de literatos rusos) y la prensa francesa celebró *le printemps des jeunes écrivains* cuando, en marzo de 2001, Alemania hizo su presentación como invitado especial en el parisino Salon du Livre, con Berlín como punto central: "Berlin s'écrit en capitale".

La aparición de una nueva generación de escritores ha puesto en movimiento a la literatura alemana, y todo mundo lo comenta. El semanario *Der Spiegel* convirtió este fenómeno en un acontecimiento mediático cuando, en octubre de 1999, con motivo de la inauguración de la Feria del Libro de Francfort, retrató en su primera plana a jóvenes autores con un tambor de hojalata y subtituló la imagen "Los nietos de Günter Grass". En aquellos días apenas se acababa de conocer la noticia del otorgamiento del premio Nobel al "abuelo". La imagen transmitía la idea de un nuevo inicio, lleno de confianza en sí mismo, que al mismo tiempo dejaba constancia de una continuidad en el desarrollo. Y, en efecto, a lo largo de los últimos años se han publicado gran número de obras que, siguiendo una marcada tradición de la literatura alemana, reflejan la historia a través de destinos individuales y, con ello, practican una historiografía con los recursos de la literatura. *Ein weites Feld* (Es cuento largo,1995) de Günter Grass, *Der Vorleser* (El lector, 1995) de Bernhard Schlink y *Die Ausgewanderten* (Los emigrados,1992) de W.G.Sebald alcanzaron fama mundial; escritores más jóvenes, como Marcel Beyer (*Flughunde*, 1995) y Hans Ulrich Treichel (*Der Verlorene*, 1998) crearon obras en las que todavía se proyectan las largas sombras de la era del nacional-socialismo. La confrontación con la RDA o con la Alemania dividida sigue siendo fuente de una fuerza productiva vigorosa y constituye la condición esencial de obras de toda una vida, como las de Hans-Joachim Schädlich, Peter Schneider y Wolfgang Hilbig.

La presente compilación no puede ofrecer una imagen artística homogénea, ni tampoco pretende hacerlo. Su principio rector es la multiplicidad de voces al reunir en este tomo diferentes generaciones y temperamentos, así como formas diversas de percibir y escribir, para bosquejar, a partir de un gran número de vistas parciales, un retrato actual de Berlín en su proyección literaria.

LOS AUTORES

Brigitte Burmeister nació en 1940 en Posen (actualmente Poznan, Polonia). Estudió filología románica. Entre 1967 y 1982 trabajó en la Academia de las Ciencias de la RDA, en Berlín. Principales publicaciones literarias: *Anders oder vom Aufenthalt in der Fremde* (Otro o de la vida en tierras extrañas, novela, 1987), *Unter dem Namen Norma* (Bajo el nombre de Norma, novela, 1994), *Herbstfeste* (Fiestas de otoño, cuentos, 1995) y *Pollok und die Attentäterin* (Pollok y la autora del atentado, novela, 1999).

Tanja Dückers nació en Berlín, en 1968. Se dio a conocer con la novela *Spielzone* (Zona de juego) publicada por la editorial Aufbau en 1999. La acción de esta novela transcurre en el ambiente juvenil y le dio fama como "etnóloga experta en el ambiente callejero berlinés". En 2001 publicó el volumen de cuentos *Café Brazil*.

Julia Franck nació en Berlín del Este en 1970. En 1978 su familia se mudó a la parte occidental de la ciudad. Su primera novela *Der neue Koch* (El cocinero nuevo) apareció en 1997, seguida por la novela *Liebediener* (Adulador, 1999) y el volumen de cuentos *Bauchlandung* (Panzazo), publicado por Dumont en el año 2000.

DURS GRÜNBEIN nació en Dresde en 1962 y vive en Berlín desde 1985. A la temprana edad de 33 años recibió el premio Georg Büchner, el premio literario más prestigiado de Alemania, por su obra poética. Hasta ahora ha publicado cinco volúmenes de poesía, entre ellos, *Grauzone morgens* (Zona gris por las mañanas, 1988), *Schädelbasislektion* (Lección de la base del cráneo, 1991), *Nach den Satiren* (Tras las sátiras, 1999). También es autor de numerosos ensayos. El texto reproducido en este volumen procede de sus apuntes berlineses *Das erste Jahr* (El primer año, Suhrkamp, 2001).

CHRISTOPH HEIN nació en Silesia en 1944 y creció cerca de Leipzig. Sus primeras obras de teatro y novelas —*Drachenblut* (Sangre de dragones, 1982) y *Horns Ende* (El final de Horn, 1985)— gozaron de reconocimiento tanto en el Este como en el Oeste. La novela *Willenbrock* fue publicada en el año 2000 por la editorial Suhrkamp. Desde 1998, Hein preside el Centro PEN alemán.

JUDITH HERMANN nació en 1970 y vive en Berlín como autora y periodista. Con su primer libro *Corales rojos* (Siglo XXI de España Editores, 1998) obtuvo un éxito sensacional. Es ganadora del premio Kleist 2001.

Wolfgang Hilbig nació en 1941 en Meuselwitz, Sajonia. Creció en el seno de una familia minera. En la RDA trabajó como mecánico de herramientas, auxiliar de cerrajero y afanador en un restaurante turístico. A partir de 1970 fue, durante 10 años, fogonero en Meuselwitz y en Berlín Oriental. De 1981 hasta su traslado a la República Federal de Alemania, vivió en Berlín Oriental y en Leipzig como escritor independiente. Se hizo acreedor a numerosos premios literarios, entre otros, por sus libros de poesía y por sus novelas *Die Weiber* (Las mujeres, S. Fischer, 1977), *Ich* (Yo, 1994) y *Das Provisorium* (Situación provisional, 2000).

Wladimir Kaminer nació en Moscú en 1967. Se formó como ingeniero de sonido para teatro y radiodifusión y estudió dramaturgia en el Instituto de Teatro de Moscú. Vive en Berlín desde 1990. Organiza eventos como la famosa *Russendisko*. Con el volumen de cuentos del mismo nombre y con la novela *Militärmusik* (Música militar, Manhattan Books, 2001) se dio a conocer entre un amplio círculo de lectores.

Georg Klein nació en Augsburg en 1953 y vive en una aldea junto al mar del Norte y en Berlín. Se consagró con la novela *Libidissi* (1999). En el año 2000 le otorgaron el premio Ingeborg Bachmann por una lectura de la novela *Barbar Rosa* (Alexander Fest, 2001). El cuento "Todo" aparece en otoño de 2002 en el volumen *Von den Deutschen* (De los alemanes, Rowohlt).

Katja Lange-Müller nació en Berlín Oriental en 1951, se trasladó a Berlín Occidental en 1984. En 1986 recibió el premio Ingeborg Bachmann por la narración *Wehleid —wie im Leben* (Lamentos —como en la vida real) y en 1995, el premio Alfred Döblin por la narración en dos partes *Verfrühte Tierliebe* (Amor prematuro a los animales, Kiepenheuer und Witsch).

Terézia Mora nació en Hungría en 1968. En 1990 se trasladó a Berlín y se dedicó a estudiar ciencias del teatro y hungarología. Obtuvo el premio Ingeborg Bachmann en 1999 por un cuento incluido en el volumen de narrativa *Seltsame Materie* (Extraña materia, Rowohlt, 1999).

Christoph Peters nació en 1966 en Kalkar, en el cauce bajo del Rin, estudió pintura en Karlsruhe y, hasta 1999, fue controlador de seguridad en el aeropuerto internacional de Francfort. En 1999 apareció la novela *Stadt Land Fluss* (Basta); en 2001, el volumen en prosa *Kommen und gehen, manchmal bleiben* (Ir, venir y a veces quedarse, Frankfurter Verlagsanstalt) del cual procede el cuento publicado en esta antología.

Hans-Joachim Schädlich nació en 1935 en Reichenbach. Hasta 1976 trabajó como lingüista en la Academia de las Ciencias de la RDA. Su primera publicación en prosa en Occidente, el volumen de cuentos *Versuchte Nähe* (Intento de cercanía, Rowohlt, 1977) y su actitud crítica frente al régimen socialista dieron lugar a su expulsión de la RDA en 1977. Entre sus obras principales figuran las novelas *Tallhover* (1986) y *Schott* (1992). El cuento "El asunto con H." se publicó por primera vez en 1992 (Kursbuch Nr. 109).

JOCHEN SCHMIDT nació en Berlín Oriental en 1970. Estudió informática y letras alemanas y románicas. Publicó en el año 2000 el volumen de cuentos *Triumphgemüse* (Verduras del triunfo, C.H. Beck). Es uno de los protagonistas del ambiente literario joven de Berlín. Página electrónica: www.enthusiasten.de. El presente texto fue tomado de la novela "Müller haut uns raus" (Müller nos saca del apuro) que aparecerá en otoño de 2002 (C.H. Beck).

PETER SCHNEIDER nació en Lübeck en 1940, vive en Berlín como escritor independiente y publicista desde 1961. Participó activamente en el movimiento estudiantil de 1968; su narración *Lenz* es un texto clave sobre esa generación. Sus novelas *Der Mauerspringer* (El saltador del muro, 1982), *Parejas* (1992) y *Eduards Heimkehr* (El retorno de Eduard) integran una crónica literaria de las últimas tres décadas en Berlín.

INGO SCHULZE nació en Dresde en 1962; estudió filología clásica en Jena. Trabajó como dramaturgo en el Teatro Estatal de Altenburg y en la redacción de un periódico. Contratado por esta publicación, en 1993 vivió medio año en San Petersburgo. Desde entonces vive como autor independiente en Berlín. Recibió numerosos premios por sus obras en prosa *Treinta y tres momentos de felicidad* (Berlin Verlag, 1995) e *Historias simples* (Berlin Verlag, 1998).

Tim Staffel nació en Kassel en 1965 y estudió ciencias aplicadas al teatro entre 1987 y 1992 en Giessen. Desde 1995 vive en Berlín y publica obras de teatro, *short stories* y novelas. *Terrordrom* (1998) es una visión apocalíptica del fin de los tiempos y *Heimweh* (Nostalgia, 2000) es un *road-movie* en forma novelada.

David Wagner nació en 1971 en Renania. Estudió en Berlín y París y vivió en Roma, Barcelona y algún tiempo en la ciudad de México. Su primera novela *Meine nachtblaue Hose* (Mi pantalón azul nocturno, Alexander Fest, 2000) recibió diversos premios. En 2001 apareció *In Berlin* (Nicolai), una colección de textos diversos sobre la capital alemana.

Ulrich Woelk nació en 1960, fue astrofísico antes de dedicarse a la literatura. Desde 1990 publica obras de teatro y novelas, entre ellas *Freigang* (Reclusión en régimen abierto, S. Fischer, 1990) y la novela sobre Berlín *Liebespaare* (Parejas de enamorados, Hoffmann und Campe, 2001).

Compilador:

JÜRGEN JAKOB BECKER nació en 1964, trabaja como ejecutivo de programas en el Literarisches Colloquium Berlin (www.lcb.de) y es gerente del Deutscher Übersetzerfonds (Fondo Alemán de Traductores). Junto con Ulrich Janetzki ha publicado las antologías *Die Stadt nach der Mauer. Junge Autoren schreiben über ihr Berlín* (La ciudad después del Muro. Jóvenes autores escriben sobre su Berlín, 1998) y *Helden wie Ihr. Junge Schriftsteller über ihre literarischen Vorbilder* (Héroes como ustedes. Jóvenes escritores hablan sobre sus modelos literarios, Berlín, 2000).

PRIMERA PARTE
TOPOGRAFÍA

FRIEDRICHSTRASSE

DAVID WAGNER
Traducción de Marlene Rall*

LO QUE ALGUNA VEZ FUE LA FRIEDRICHSTRASSE, sólo lo saben hoy las tarjetas postales viejas. Hoy día es una vereda, donde se ensartan nuevas y antiguas metáforas berlinesas. Quien se pasea desde la estación Friedrichstrasse o de la esquina de la calle Unter den Linden rumbo a Hallesches Tor, puede observar la sorpresa de visitantes, turistas y también de algunos habitantes de la ciudad.

Sea con guías de la ciudad y mapas doblados de la marca Falk, sea con bolsas de compras bien llenas, unos y otros recorren pesadamente el pavimento. Muchos rostros dicen: "Bueno, queremos ver cómo se ve esto ahora". Incluso Helmut Kohl ha sido visto deambulando por aquí. Otros transeúntes, más jóvenes y mejor vestidos, utilizan esta calle tan seguros de sí mismos, como si la calle siempre hubiera estado aquí. Quien se ausentó por muchos años podría pensar que despierta en un sueño. Tal parece que hubieran surgido bastidores gigantes en mitad de la obra; el vacío se llenó, como un escenario de ópera para la escena del coro, con gente de traje que habla por un

*Revisión de Alberto Vital.

teléfono móvil. De vez en cuando, uno de ellos pasa en patineta.

Frente al palacio automovilístico de Wolfsburg, en la esquina de la calle Unter den Linden, se detiene mucha gente curiosa, como si no hubiera más automóviles que ver en la ciudad. La mayoría se asombra por el precio colocado en un cartel al lado del Rolls Royce que ahí se exhibe. Un poco más adelante, calle abajo, en el escaparate de la agencia Mercedes, se pueden admirar un Bugatti negro antiguo y el cupé de pedales plateado. Una bicicleta con motor auxiliar y la inscripción "Daimler-Benz" cuesta 3 250 marcos. La Friedrichstrasse también es un espacio de exhibición para los vehículos que están tras las vitrinas. Los autobuses turísticos pasan más lentamente por la calle, la gente sentada en ellos va en busca del nuevo Berlín. En el cristal de una ventana se puede leer: *Permanent Make Up*, quizá la inscripción se refiera a la fachada, quizás a la calle entera. Hasta abajo, donde antes estaba el cruce de la frontera, rara vez los edificios de oficinas y negocios se suceden como gajos ordenados; aquí quedaron bloques enteros; se dejó de lado el fraccionamiento en lotes pequeños. Los últimos letreros de obras escriben poesía a lo largo de la calle, los inicios de los versos dicen: *Aquí nace...*, *Aquí se construye...* En medio de ellos, la deshuesada fachada apuntalada de una esquina está esperando su nuevo relleno. El palacio de cristal que Jean Nouvel construyó para *Galerías Lafayette* volvió a convertirse, mucho tiempo después de haberse terminado, en campo de obras cubierto por mantas de plástico. De tarde en tarde se desprende un cristal de la fachada y cae a pedazos sobre los paseantes. Una cuadra más adelante se encuentran en la fachada los grandes nombres de nuestro tiempo… nombres italianos, japoneses, franceses, estadunidenses. Las grandes marcas cuelgan de las ventanas a lo largo de toda una cuadra, la Friedrichstrasse quisiera ser la calle Pavo Real. Turistas italianos, españoles hablando en francés y estadunidenses que viajan por Europa contemplan los aparadores, en cuyos cristales aparecen escritas las ofertas con letras autoadhesivas.

En la mayoría de los edificios, las hileras de ventanas están perforadas en la fachada de manera simétrica y regular. Hay piedra pulida por doquier; en una entrada, el mármol rojo cita la "Nueva Cancillería del Reich" de Speer, cuyos restos todavía se encuentran como revestimiento en la cercana estación Mohrenstrasse del metro. A esta altura, la Friedrichstrasse produce un efecto armonioso, las décadas venideras la observarán y dirán: "Así se veían los años noventa del siglo pasado". Y ya hoy habría que preguntarse si alguien que pase por aquí dentro de 25 años no mirará las casas de la nueva Friedrichstrasse como se mira hoy el Europa-Center o el Nuevo Centro Kreuzberg junto a Kottbusser Tor. Quizá pensarán entonces en voz alta en derribar los edificios que hoy acaban de terminarse. No pocos de ellos se inclinan como gigantescas lápidas pulidas, colocadas muy juntas unas de otras en la arena de Brandenburgo. Otros permanecen aún como basamentos de futuros rascacielos. Los aficionados a la planeación urbana que pasan presurosos explican gustosos todo lo que debería haberse hecho mejor o de distinta manera, "Más ancha la calle", "Menos piedra pulida", "Más estuco", "Más casas antiguas", "Más cristal". "Aquí se ven caras que no se veían antes en Berlín", explican a sus padres unos nuevos residentes, "aquí los miembros de las castas recién establecidas van en busca de la metrópoli". Las estaciones espectrales, donde no se paraban los trenes en los tiempos del Muro, ya no escupen fantasmas, sino hombres que trabajan en la televisión de la Hausvogteiplatz, en alguna oficina o en uno de los muchos consorcios. Todo está aquí recién pintado.

La tienda de cacería Frankonia pretende seducir con moda de paño tirolés en el aparador; enfrente, una nueva placa conmemorativa recuerda a los combatientes de las barricadas de marzo de 1848 que desde ese lugar disparaban contra los soldados del segundo regimiento real. Hoy sólo pueden erigirse barricadas con las cercas de alambre de las construcciones o con coches volcados; en la Friedrichstrasse ningún árbol estorba la vista. En el verano de 1999, los últimos Autónomos, militantes de la ciudad, se posesionaron de la Friedrichstrasse, garabatearon el asfalto y trataron de tomar por asalto Galerías Lafayette. Se cayeron algunos estantes. Al final de la acción habían desaparecido algunos anteojos de sol de marcas famosas, los cuales hacen su aparición en la Friedrichstrasse al menor rayo de sol. Por desgracia casi no hay cafés con mesas en la calle, donde los

34

portadores de anteojos de sol podrían quedarse sentados un rato más largo. Originalmente, en la esquina de Unter den Linden, el lugar tradicional del Café Bauer, iba a instalarse de nuevo un café, pero los que se instalaron ahí fueron los automóviles de Wolfsburg. El café de la Casa de la Democracia hace mucho que cerró, el edificio le pertenece ahora a la Federación de Empleados Públicos. En los otros cafés recién abiertos de la Friedrichstrasse ya no hay viejos sofás, ni juegos de sociedad, ni pilas de periódicos viejos, ni consignas en las paredes. En la panadería junto a la estación Stadtmitte del metro y en la sucursal del Café Einstein sólo hay taburetes. Aquí el Café Einstein ya no es de estilo austriaco, como en la Kurfürstenstrasse, sino de estilo americano. A través de los cristales bajados puede observarse muy bien la agitación, a menudo fingida, de los transeúntes, que pretenden reproducir el efecto de las películas de Hollywood que aparentemente se desarrollan en Nueva York. Hasta los ciclistas parecen pedalear con mayor energía que en cualquier otra parte; algunos incluso pueden andar en bicicleta y hablar al mismo tiempo por teléfono.

En el lugar donde la Mauerstrasse cruza la Friedrichstrasse, algún día se olvidará que la Mauerstrasse se llamó así, desde mucho antes del Muro, por las antiguas murallas de la ciudad. En el terreno baldío de la esquina, los suaves contornos de las últimas farolas de la RDA recuerdan aquellos tiempos, cuando las fronteras sectoriales se iluminaban a todo lo ancho. Un viejo letrero escrito en la pared y muchas veces fotografiado sigue haciéndole publicidad al *Neue Zeit*, el diario de Alemania Oriental que dejó de publicarse desde hace mucho. Hay que explicarles a los turistas y a los que nazcan después que alguna vez, de 1969 a 1989, estuvo aquí el Muro, del que sólo quedó una delgada cinta de metal marcada en el asfalto. Sin embargo, en el trayecto de Mitte hacia Kreuzberg, todavía se pueden percibir sensaciones de cruce. Si bien es cierto que las líneas fronterizas —visibles o invisibles— se extienden también por otras partes de la ciudad, en ningún otro lugar sería tan impensable como aquí una sastrería de camisas a la medida a escasos cien metros más al sur.

En el Chekpoint Charlie cambian el empedrado, las farolas y el distrito. En una pequeña isla en el centro, se encuentra la caja luminosa con los grandes retratos que hizo Frank Thiel de un soldado soviético y uno estadunidense; en la acera hay una caja luminosa con el mapa de Kreuzberg. El país fabuloso de las inversiones llegó a su fin; una bolsa de plástico vacía revolotea por el pavimento frente al renovado Café Adler. Homi K. Bhaba, el especialista angloindio en estudios culturales, dijo un día, sentado en la banqueta tomando café, que Berlín le recordaba a Bombay.

Tan opuestos eran ambos lados de la Friedrichstrasse antes de la apertura del Muro que todavía hoy siguen teniendo muy poco en común. Ahora el occidente es viejo y Mitte, nuevo; antes era al revés. Los visitantes del Museo del Muro que no han sido previamente advertidos podrían tomar el lado occidental por el oriental, porque en este lugar el lado occidental cumple con los clichés que antes eran válidos para el oriental: ampliamente rechazado en lo estético y en cierto modo rezagado en el tiempo.

El primer tramo de la Friedrichstrasse, que pertenece a Kreuzberg, aún vive del recuerdo del Muro; la tienda de fotografía Klinke vende aquí muchas películas, vendedores ambulantes rusos ofrecen artículos de devoción del socialismo en decadencia. Después del cruce con la Kochstrasse, la Friedrichstrasse se vuelve mucho más tranquila. Del lado derecho de la calle se encuentra el sector policiaco 53, la comisaría muestra la hora en la acera. Un edificio nuevo con balcones de hormigón revestido y en forma de tinas ostenta una placa alusiva que menciona que alguna vez estuvo en este lugar el teatro Apolo, donde se presentó el estreno alemán del *Acorazado Potemkin* de Eisenstein. El águila que se encuentra en la Bolsa Nacional del Trabajo mira hacia el norte, hacia Mitte, hacia allá donde hoy sí hay trabajo. Kreuzberg tiene la mayor cuota de desempleo de todos los distritos de Berlín. En las noches, el tramo inferior de la Friedrichstrasse es mucho más oscuro que en Mitte. En Mitte los nuevos candelabros dobles alumbran mucho más claro que las farolas comunes de Kreuzberg, bajo cuya luz se pierde la calle. A la izquierda, los espacios vacíos se llenaron con construcciones de barracas bajas, las tiendas están vacías, una inscripción en el cristal de un aparador promete un restaurante con jardín. El puesto de comida rápida frente a un terreno baldío en una esquina, cerrado por un comerciante de coches usados para estacionamiento, parece típico de una parte de Berlín occidental. Del lado izquierdo, arrinconado, se encuentra el mercado de flores al mayoreo. A sólo cinco minutos a pie de una estación del metro llamada Stadtmitte, se percibe la sensación de encontrarse en las afueras de la ciudad. Los números de las casas quedan cada vez más arriba, se alternan tiendas de lámparas, queserías, una tienda Bio y locales comerciales vacíos y polvorientos. Ya no se ve nada del glamour de las grandes marcas, una sastrería para composturas, ningún taller de camisas a la medida. Unas letras autoadhesivas cortadas a mano escriben "gimnasia para enfermos" en el cristal de un escaparate, un café se llama como el detergente, Café Persil, y un puesto de comida rápida, Aladín. En la vitrina de una tienda se exhiben vestidos de fibra natural, brochas para repostería y cepillos de todo tipo: cepillos para tazas, para botellas, toscas escobillas, cepillos para zapatos, para fregar y para tallar, listos para ser comprados. De las fachadas de los edificios que se construyeron para la exposición de edificios de 1987 —en aquel entonces se redescubrió la construcción en bloques, la calle tipo pasillo y la elevación del alero— cuelgan los tan citados miradores y frontispicios. Una pequeña excavadora está estacionada a la orilla de la calle; un perro está tirado en la calle bostezando, el suelo vibra cada vez que pasa el metro bajo el pavimento.

De las construcciones de antes de la guerra apenas si queda una piedra sobre otra. Hablar de los hoyos de las bombas no viene al caso, de toda la parte sur de Friedrichstadt no quedó en pie más que un campo de columnas de conjuntos aislados de casas viejas. Se yerguen como monolitos en el campo de batalla, después de la guerra también sobrevivieron la guerra de saneamiento. Aquí surgió, totalmente sin intención, un espacioso monumento conmemorativo. A la Friedrichstrasse, como a muchas calles de Berlín, le partieron casi todos los dientes. La urbanización en línea tiene caries y, de vez en cuando, empastes demasiado grandes en los orificios. Quien no está muy bien enterado podría pensar que un gran terremoto sacudió a esta ciudad. Al ver las superficies bombardeadas ya libres de escombros, algunos visitantes recuerdan los huecos que dejó el terremoto en la ciudad de México. Quien se pasea de noche por el sur de la Friedrichstrasse alcanza a ver en línea recta seis letras blancas de neón que forman el imperativo abreviado *Gedenk* (Conmemora); sólo al llegar a Hallesches Tor, la filacteria en el cielo nocturno se revela como la inscripción del tejado de la Biblioteca Conmemorativa Americana, que alumbra desde la otra orilla del canal Landwehr.

La Friedrichstrasse termina en una zona peatonal que desemboca en la Mehringplatz. La salida de esta última hacia el canal Landwehr está obstruida por construcciones. Los cambios de la posguerra convirtieron este último tramo de la Friedrichstrasse en un callejón sin salida, una especie de apéndice. Las calles Unter den Linden y Wilhelm ya no desembocan en la antigua rotonda, la plaza que antes se llamaba Belle-Alliance y hoy se llama Mehring. En su forma actual, la plaza es el producto de una época que se había sentido celosamente comprometida con la tarea de hacer todo nuevo y mucho mejor. Cada época tiene la arquitectura que se merece: alrededor de la plaza redonda hay refugios habitacionales en doble fila. Sus balcones están protegidos con placas de concreto que se podrían tomar por escudos contra balas. Quizá los urbanistas pensaron que, en caso de un asalto comunista, aquí podría esconderse el último reducto de la resistencia de la ciudad libre de Berlín occidental, la cual, en pequeña escala, se volvió a amurallar aquí por cuenta propia. Las casas forman un círculo como una barrera de carros, parece que a la plaza no se le olvidó que se llamaba Belle-Alliance por el campamento militar de Blücher cerca de Waterloo, ni tampoco que en Hallesches se siguió luchando hasta los últimos días de abril de 1945. Ya no se percibe mucho del antiguo diseño barroco de la rotonda, también se fue perdiendo la idea de saneamiento de un prado libre de tránsito entre las casas. En el conjunto diseñado originalmente por Hans Scharoun, al arquitecto Werner Düttmann no se le olvidaron ni siquiera las ventanas cañoneras y sus típicas rendijas de refugio. No es de sorprender, entonces, que en este ambiente de tanta nostalgia por otros tiempos, las cantinas tengan que llamarse *Zum Eisernen Gustav* (Casa de Gustavo el Férreo). La videoteca es muy visitada por las noches y casi cada balcón tiene una antena parabólica. Quizás algún día otros mirarán igualmente desconcertados los restos del Nuevo Berlín y su Friedrichstrasse. Por suerte, casi ya no se construye para la eternidad.

La Mehringplatz se estremece con música que proviene de un sótano de ejercicios y, como un ser perdido de otro mundo, un ciclista, ataviado de traje y con pinzas en los pantalones, atraviesa la zona peatonal. Probablemente el joven abogado viva en una de las viejas casas renovadas alrededor de la Chamissoplatz y que tantas veces han tenido que servir de escenario para las películas de los grandes tiempos, en cuyo recuerdo sólo queda ahora en la Mehringplatz la columna de una fuente de Cantian, donde se yergue, encima de todas las derrotas, una *Victoria* de Christian Daniel Rauch. Debajo del tren elevado, en Hallesches Tor, que se alcanza a ver por la apertura del anillo de concreto, está sentado un mendigo con barba. Quien ha bajado a pie hasta aquí por la Friedrichstrasse, seguramente ya se olvidó del Rolls Royce en la vitrina de la esquina de Unter den Linden.

EL PRIMER AÑO
Apuntes berlineses*

DURS GRUNBEIN
Traducción de Enrique Martínez Pérez

28 de agosto

POR LA NOCHE EN FRIEDRICHSHAIN para pasear al viejo perro barbicano. Las primeras nieblas han caído sobre el parque, nublados de blanco están los prados. Los troncos de los árboles, ahí, donde empiezan a subir desde el subsuelo del estrato superior de la tierra hasta el primer nivel pleno de aire, se elevan como anclados mástiles en un vaporoso lago de montaña. Sin embargo, la apacible atmósfera es engañosa. Alimenta más bien visiones históricas espectrales, en vez de sueños de silfos danzantes y vivaces duendes. Nos hallamos aquí sobre una superficie que fue ferozmente defendida, en medio del campo de batalla que fue una vez la ciudad de Berlín. ¿A quién podría extrañarle que surgieran soldados fantasmas de entre los arbustos, dispersos residuos de las tropas de los ejércitos de la última Guerra Mundial? Es factible

---

* Texto tomado de sus apuntes berlineses, *El primer año* (Das erste Jahr).

que veamos emerger de pronto espectros de la tierra en sus grises uniformes de campaña y cascos del *Wehrmacht*, el ejército alemán, abuelos del *Volkssturm*, los grupos civiles de defensa, con gorras de lana carcomidas por la polilla, o a las maltrechas juventudes hitlerianas que han perdido a su lobo guía. O a un puñado de soldados del Ejército Rojo enfundados en sus blancos uniformes camuflados, parecidos a los *sleeping bags* que conocemos por las películas documentales desde que la guerra virara de los campos nevados de Stalingrado hacia el oeste. Berlín era la cueva de ladrones en cuya resaca irrumpieron ellos con sus batallones, y también en Friedrichshain se precipitaron al combate en casas y edificios. Así como en los cementerios las fisuras en el espeso musgo y las demolidas lápidas brindan testimonio de la danza nocturna de la muerte, también los boquetes dejados por los proyectiles en numerosas, carcomidas fachadas de edificios dan fe de los últimos combates de abril del 45. El medio siglo transcurrido desde entonces no ha podido borrar del todo las huellas; por lo menos en el lado este de la ciudad han quedado por doquier vestigios visibles de la encarnizada lucha. Los angustiados civiles y los fanáticos de la batalla cuerpo a cuerpo de los momentos postreros, así como los no convidados libertadores provenientes de las profundidades de Asia: ¿dónde se hallarían en la muerte como en casa si no en este lugar? El parque, tan pronto se ve nimbado por la niebla, es como un escenario de ópera que reúne los elementos típicos de un mausoleo soviético, con los bastidores de papel maché de una representación de *Los nibelungos* en Bayreuth. Dondequiera hay puntos de reunión para la colectividad de los mitos. En uno de sus lados, los espera la *Märchenbrunnen*, la Fuente de los cuentos de hadas, con los personajes de los cuentos de los hermanos Grimm; en el otro, el Monumento a la Paz Mundial, un regalo de los comunistas polacos, con su terraza de hormigón y granito. En uno de los costados, los aguarda el Monumento al combatiente español, un burdo coloso de piedra con los rasgos faciales del cantante obrero Ernst Busch, con la pierna flexionada hacia el piso por el pesado abrigo del uniforme y, en el puño levantado, en vez del fusil, un arcaico espadín. El macizo sujeto parece como congelado en el vuelo, transfigurado en demonio como los personajes de la Ópera de Pekín. En el interior del parque, colocado sobre un pedestal de estratega militar, el busto de Fridericus Rex los convida a un campamento prusiano. Unos metros más adelante, en un pequeño cementerio y estrechamente vigilados por un marinero de la ciudad de Kiel, los caídos de marzo de 1848 y un grupito disperso de revolucionarios de noviembre de 1918 aguardan expectantes bajo sus lápidas el día de la resurrección. A ellos no les resta más que esperar el remoto Día del Juicio germano, cuando un fragor de trompetas los despierte del sueño de la muerte. Mientras tanto, sólo pasa uno que otro corredor de resistencia por esos abandonados lugares, y entre los arbustos, por las tardes, se pueden ver siniestras figuras masculinas aisladas en busca de amantes. Y es que, bien disimulado con todos sus sitios de recreo infantil y sus apartadas bancas, el parque es, desde hace muchos años, un conocido refugio de homosexuales, un auténtico rincón de Sodoma en medio del pétreo y gris desierto que es Berlín. Incluso Hermann, el vetusto pastor alemán, le teme a los velos de la niebla hoy en la noche, prefiere mantenerse dentro de las veredas olfateando huellas muy cerca de las rodadas de bicicleta y de los charcos. Le dan miedo los arbustos y los montículos cubiertos de pasto. Con su vacilante paso de Matusalén examina precavido ese doble suelo. La nariz permanece en el aire, sus ojos bizquean, se ponen en blanco cuando me buscan. De manera que aquí es donde vivimos, por aquí salimos a pasear tarde con tarde a falta de un mejor lugar. Mientras el perro olisquea y alza la pata en el lugar donde un congénere le dejó un mensaje de acre olor, su dueño va como por un museo de historia, rememorando relatos de su otrora clase de civismo. Desde que desapareció el país, que a lo largo de cuarenta años se remitió a ellas para, a su vez, pasar a formar parte de los libros escolares, las historias se han tornado fútiles, engañosas. La niebla en la que se forman los ejércitos fantasmas para desaparecer de nuevo es todo lo que quedó de ellas. Su lácteo vapor nutre el anhelo de encontrar pasajes blancos en esta historia criminal.

28 de noviembre

Mientras más tiempo vivo en Berlín, más ajena me resulta la ciudad. Y hace mucho que esto no se debe a que ya no me desenvuelvo en ella como en aquel entonces, cuando llegué para iniciar mis estudios a principios de los ochenta, cuando no conocía casi nada más que el distrito de Prenzlauer Berg, la urbana estepa mongola de Alexanderplatz y los alrededores de la Universidad Humboldt, en la avenida Unter den Linden. También hace mucho que quedó atrás la lección de perderse en esta ciudad *como se pierde uno en un bosque*. El desconcierto del viejo residente es algo muy distinto a la sensación de vértigo del novicio que, cuando recién se muda a la gran ciudad, se siente perdido. En el caso de Berlín, esto tiene que ver con las transformaciones a que se ha visto sometida la ciudad desde que renació como totalidad, y que han sido más radicales año tras año. Lo singular de esta permanente metamorfosis es que proviene directamente de los antagonismos que han marcado a la capital como a ninguna otra urbanización europea. Berlín era y es una ciudad en continuo estado de excepción. Es un milagro que no hayan decretado de cuando en cuando toques de queda para así proseguir con la reconstrucción sin molestias hasta el alba. La población podría, entretanto, recluirse en el subsuelo. En este lugar ya existe de por sí la tendencia a vivir bajo tierra. Piénsese nada más en los sistemas de búnkers, los túneles del metro, los centros nocturnos en los sótanos y los túneles de escape, en los que confluyen la fobia a la luz de los líderes del Tercer Reich, la paranoia de los constructores del Muro y la danza ritual de la generación tecno, para convertirse en una estrambótica *phantasie noir*, que le otorgó a la ciudad su renombre de metrópoli en estado de inmersión.

La histórica disparidad en sus respectivos desarrollos y las mutuas obstrucciones de ambas mitades de la ciudad tornan la urbanización de la planicie de Brandenburgo en una enigmática representación de la asincronía. Mientras más de cerca se observan los distritos, más confuso e incomprensible resulta el todo. A pesar de la década transcurrida desde la eliminación de las barreras que dividían a Berlín, persiste aquella vaga impresión general que antaño impuso la división a los moradores. Polonia todavía colinda aquí con los Países Bajos y Bélgica, y las vastedades de Rusia convergen con los pulcros barrios residenciales de las ciudades de Alemania Occidental. Un recorrido en taxi desde Karlshorst, sede de aquella comandancia militar en la que al final de la guerra se firmó la capitulación del Tercer Reich, hasta Friedenau o Charlottenburg significa un viaje por toda Europa Central. Sobre todo en invierno, en el temprano crepúsculo lejos de las arterias principales, se pierde en seguida todo sentido de orientación. Intentar rodear el todo por una de las autopistas urbanas y seguir de improviso a través de alguna desviación en dirección al centro es como poner a girar todos los puntos cardinales. La misma ubicación geográfica es una locura. Sea en el sureste o en el noroeste, como en el juego de la gallina ciega, el residente sólo recupera su sentido de ubicación cuando, en medio de los barrios citadinos, se topa con una señal que le resulta familiar, que le ofrece un asidero aun en la oscuridad. Así, la ciudad se desintegra en meros distritos vecinos inconexos, los cuales, según el radio de acción de cada quien, o bien se conocen al dedillo, o bien se recorren a tientas, como en el primer día de un viaje al extranjero. ¿Qué tienen en común, por ejemplo, Weissensee y Zehlendorf? Nada que no sean la vieja red de transportes de antes de la guerra y el índice de los nombres de las calles con el que alguna vez el Plano Pharus las incorporó en una misma escala. ¿Qué vector une el Treptower Park, sede del monumento soviético a los soldados caídos del Ejército Rojo, con el campo de catadura nazi que circunda la Torre de Radio, desde donde las autopistas llevan al automovilista rumbo al Atlántico y a la Línea Siegfried? ¿Qué olvidado plan de urbanización ensambló el distrito de trabajadores inmigrantes de Kreuzberg y el una vez rojo de Wedding con el exclusivo Paseo de la avenida Kurfüstendamm, pleno de vitrinas? ¿Y el ancho cinturón de villas y terrenos alrededor del lago Wannsee con los miserables asilos para desempleados de Neukölln?

Nunca voy a olvidar cuando ayudé una vez a un amigo, que tuvo la ocurrencia de adiestrarse para ser chofer de taxi, a prepararse para su examen oral; la ayuda consistía en preguntarle al azar por los más remotos destinos de viaje. El pobre extendía diversos mapas de la ciudad sobre la alfombra de su casa rentada en Neukölln y hacía su mejor esfuerzo para grabarse los más extravagantes nombres y vías de acceso. Ser chofer de taxi era entonces un trabajo codiciado. Alemanes orientales, estudiantes sin recursos y extranjeros con permiso de residencia, principalmente, ponían todo su empeño en obtener la anhelada licencia. ¡Y qué estrictas eran por aquel entonces las reglas de los exámenes! A la menor laguna en el conocimiento de la intrincada red de tránsito vehicular en un área de varios cientos de kilómetros cuadrados, el aspirante quedaba fuera de la jugada. Mi amigo era, por cierto, un tal Ingo Schulze, un escritor en ciernes recién llegado de San Petersburgo, donde, como empresario joven, había fundado un periódico local junto con un socio alemán occidental, para después retirarse a la vida privada con su parte de la inversión y una limusina Corvette roja. Con la gaveta repleta de *short stories*, andaba en busca de un ingreso extra que le permitiera dedicarse con toda tranquilidad a su trabajo literario. Por aquellos meses de principios de los noventa, habíamos reanudado nuestra amistad, que se remontaba hasta los inicios de nuestro periodo escolar. Su arduo trabajo de lecturas y de entrevistas estaba apenas por empezar.

Por aquel entonces, tomé conciencia de que la ciudad estaba tronada por todos lados. Desde la Reunificación, todo aquí se había convertido en un salvaje movedero de bastidores. Decenas de calles fueron rebautizadas de la noche a la mañana. Políticos municipales recién electos e inversionistas se encargaban de crear constantemente confusión en abundancia con nuevos planes de construcción. Se inauguraban nuevas estaciones del metro por doquier, la red de líneas del tren suburbano fue renovada en su totalidad. En pocos meses surgieron, como por arte de magia, diversas y magnas obras de construcción. Su punto neurálgico era Potsdamer Platz, la despoblada mitad entre el este y el oeste. El rostro de la ciudad se transformó con tal rapidez que le hacía competencia a las biografías de sus moradores. ¿Hubo algún lugar en la sirte del Este y el Oeste con una dinámica de desarrollo semejante, en el que todos los puntos nodales de la infraestructura se hallaran disponibles por partida doble y que, por lo tanto, exigieran el doble de planificación urbana? Un centro doble, varias clínicas grandes, teatros y óperas en todas sus variantes, sitios conmemorativos casi para cualquier capítulo de la historia alemana reciente. En el aeropuerto de Tempelhof se cubre de herrumbre el Rosinenbomber, el bombardero estadunidense, recuerdo del puente aéreo en tiempos del sitio a Berlín Occidental; a un lado de la Puerta de Brandenburgo, en la avenida 17 de Junio, está el tanque ruso, símbolo de la participación soviética en el tratado de las cuatro grandes potencias aliadas. La Atenas de Schinkel a orillas del Spree, el sueño de lujo de una *citá ideale*, producto del genio del clasicismo prusiano, y los monstruosos residuos de Germania, capital del mundo según los planes de Speer, el arquitecto del Tercer Reich. En la conciencia de las generaciones que siguieron, todo esto no era ni más ni menos que una serie de fatamorganas, un conglomerado de quimeras, de castillos residenciales y zonas de excavación en medio de la arena de Brandenburgo. Luego de años de errar por el desierto nos hallábamos de pronto otra vez donde habíamos empezado. Nos frotábamos los ojos, atisbábamos el cielo nórdico, de un azul único, y nos arrastrábamos de regreso hasta nuestros respectivos refugios, los cuales volvíamos a abandonar de inmediato, en cuanto llegaba el día del siguiente cambio de ambiente.

EL RETORNO DE EDUARD*

PETER SCHNEIDER
Traducción de Javier García-Galiano

LO DESCONCERTABA QUE EL NUEVO MAPA de la ciudad ya no diferenciara las calles que pertenecían al este y al oeste. En los viejos mapas de Berlín Oriental le había asombrado que al oeste del Muro no se identificara nada más que superficies yermas. Ahora, lo sorprendía que en el nuevo plano de Berlín faltara toda referencia al Muro, absolutamente, como si la ciudad nunca hubiera estado dividida. Sólo después de hojear y desplegar el mapa largo tiempo, pudo Eduard grabarse el camino a la casa de alquiler en la calle Rigaer, cuya mitad habría de pertenecerle de repente.

Gran parte de la estación del tren urbano estaba cubierta de andamios y plásticos. Eduard se sintió aliviado cuando oyó el ruido del tren que llegaba. Era todavía el restallido familiar, de alguna manera humano, que conocía de la época de su partida, una exhalación áspera, largamente contenida.

Ese año, el otoño había irrumpido tempestuoso, sin transición alguna, tras un verano caluroso. Las

---

* Capítulo 2 de la obra del mismo nombre.

ramas de los arces y las hayas, que él veía al paso por la ventana del tren, se recortaban en el cielo negras y húmedas por la lluvia, sólo pocas hojas pendían trémulas de los tallos secos. Sin embargo, algunos árboles habían conservado completamente, como si pertenecieran a otra especie inmune al viento, el adorno de sus hojas. Bajo el cielo negro azulado, el amarillo y el verde dorado de las copas de los árboles producían un efecto irreal, como si estuvieran pintadas. Cuando un rayo de sol caía sobre el follaje, los árboles parecían encenderse en llamas y era como si con el último rayo luminoso los patios traseros se transformaran en salones de fiestas. Casi todas las fachadas gris oscuro, descascaradas, estaban cubiertas de *graffiti*. Pero también había marcas en paredes claras y recién pintadas, incluso en ventanas y puertas de los vagones del tren. Al principio, cuando surgieron, Eduard había visto las inscripciones de aerosol con curiosidad y con un optimismo impreciso, como mensajes de una civilización subterránea o futura. Cuando se propagaron en todas direcciones, sólo vio en ellas los signos de la descomposición y el abandono, anuncios de un mundo sin gramática. Los agentes de ese mundo contrario dejaban sus señales como marcas de orina en cada superficie vacía lo suficientemente grande para realizar un trazo con el aerosol, y el único misterio de esos jeroglíficos consistía en que no tenían significado. No podían descifrarse, porque no cifraban nada. Si se reflexionaba acerca de la ubicuidad de las rotulaciones, se debía inferir un enorme ejército de autores. Una guerrilla de spray, que se contaba por miles, se dedicaba, en ataques casi siempre nocturnos, a sobrescribir las obras de la civilización diurna con sus mensajes caóticos. Y el mundo diurno parecía rendirse paulatinamente ante los usuarios de aerosoles, incluso trabajaba para ellos. Furioso, Eduard notó que los rayones verdes, negros y rosas en el tapizado de plástico de los asientos del vagón no estaban hechos precisamente con aerosol, sino que estaban impresos. Sencillamente, los diseñadores del tren urbano habían copiado una muestra representativa de los luchadores de graffiti y la habían adoptado para la elaboración del tapizado de los asientos. Quizá querían decirles con ello: ¡Aquí no, por favor! ¡Aquí ya ganaron!

A esa hora temprana el vagón estaba lleno. La mirada de Eduard cayó en el rostro del hombre que estaba sentado a su lado y se inclinaba sobre un periódico abierto. De pronto, el hombre alzó la vista, pero como obviamente se sentía molesto por la mirada de Eduard, de inmediato volvió a dirigir los ojos hacia el periódico. También el resto de los pasajeros estaba ocupado, de manera evidente, en el esfuerzo de que sus ojos no se encontraran con los de los demás. Eludiendo a quien tuviera enfrente, cada uno fijaba la mirada con toda intención en un vacío que debía compartir con quienes estaban sentados enfrente y a su lado. Un encabezado en la primera plana del periódico que su vecino sostenía frente a la cara como protección atrajo la mirada de Eduard. "Las mujeres en la ex RDA disfrutan más el orgasmo", leyó en grandes letras.

Instintivamente inclinó la cabeza para descifrar los pequeños renglones insertados debajo: "Expertos temen enajenamiento sexual en la RDA", leyó ahí, "la tasa de orgasmos de las mujeres en la antigua RDA, de 37%, es notoriamente mayor que en Alemania Occidental, de 26%". ¿Qué motivaría a los alemanes recién reunificados a asomarse al lecho conyugal de sus coterráneos y hacer semejantes comparaciones? Pero más que el encabezado acerca de la tasa de orgasmos en el Este y el Oeste, lo asombró algo más: la noticia implícita de lo baja que también era la tasa de mujeres "más afortunadas".

El viaje le fue revolviendo el estómago. El tren daba constantes frenazos durante el trayecto, avanzaba un momento al paso para luego acelerar en un brusco arranque. Por la ventana se veían losas de concreto recién colado, de las cuales se elevaban armazones de hierro para las junturas. Había rieles sin instalar, que se apilaban en montones a un lado de las vías; en otros montones se acumulaban vigas cortadas; en otros más, había grava o arena amontonadas, y todos esos montones estaban cubiertos con lonas de plástico. Los trabajadores estaban enfundados en chalecos de seguridad anaranjados, las cabezas metidas en cascos de seguridad del mismo color, sólo las manos estaban desnudas y obraban indefensas entre el material cubierto; Eduard se asombró de que casi ninguno de ellos usara guantes. Pero también más lejos, a izquierda y derecha del trayecto del tren, los ojos se topaban por doquier con lo encubierto, lo empaquetado, lo amarrado. Cada segunda o tercera casa estaba cubierta con andamios que, a su vez, estaban tapados con lonas o mallas. Era como si media ciudad hubiera sido empacada y esperara ser enviada.

De improviso le vino a la mente una frase de Jenny. Una frase incidental, completamente baladí, que no significaba nada. Es probable que se le ocurriera sólo porque Jenny se la había dicho la noche anterior a su partida. O porque se la había dicho en un momento en el que uno está más dispuesto a escuchar otros sonidos que una frase clara. Mientras él, llevado por el impulso ascendente de su embriaguez sexual, se hallaba flotando arriba de las maletas empacadas y se imaginaba que sólo tenía que estirar la mano para alcanzar a Jenny que volaba a su lado o arriba de él, ella, con una voz en la que no se podía escuchar el menor indicio de falta de aliento, le había preguntado: "Por cierto, ¿has pensado en cancelar tu cita con el dentista?"

Él se había levantado y había seguido en el departamento a oscuras el tierno ruido de los ronquidos infantiles. Loris se había trepado a la cama de Ilaria y, relajado y de espaldas, había puesto el brazo atravesado sobre la cara de ella. Eduard había tirado hacia sí de los pies de Loris y se había sorprendido de que los niños dormidos fueran mucho más pesados que cuando estaban despiertos. Lo había cargado y lo había colocado de nuevo en el nivel inferior de la litera, que era el que le correspondía.

También los cristales y las vigas de hierro de la estación en la que debía transbordar estaban recubiertos con lonas de plástico. Siguiendo las flechas improvisadas, subió y bajó por entarimados tiros de escalera hasta que encontró el andén correcto. El tren que llegaba estaba cubierto de polvo de la construcción. Sólo cuando las puertas se cerraron, Eduard se percató de que había subido al tren equivocado. El tren salió de la estación en la misma dirección por la que había llegado: el oeste. El hombre que estaba junto a él sólo tuvo un encogimiento de hombros para su pregunta y un "Nomás mire". Una joven salió en su ayuda, explicándole que, por el momento, el trayecto era de una sola vía, así que el mismo tren iba y venía. No se podría bajar sino hasta la estación del zoológico, ya que las siguientes estaciones estaban cerradas.

Cuando se acercaban a la antigua intersección entre la mitad oriental y la occidental de la ciudad, de pronto las casas a un lado de las vías empezaron a disminuir. Durante kilómetros no había nada que ver más que cimientos preparados o encementados y superficies de arena, y en medio de ellos contenedores rojos y amarillos y vehículos de construcción aislados, casi todos parados. El suelo estaba abierto hasta una profundidad de diez, quince, veinte metros, y la tierra excavada se amontonaba en enormes pilas. El centro de la ciudad estaba yermo y vacío, era un tremendo hoyo sobre el que giraban grúas altísimas como torres. El muro había desaparecido sin dejar rastro. Sólo al regreso se percató de que las extrañas figuras de hormigón con el borde superior redondeado, colocadas como esculturas en el terreno cercano al recodo del Spree, eran restos del Muro.

Se bajó en la estación Lichtenberg. Las calles estaban cubiertas con hojas húmedas que llenaban las cunetas y los charcos de una mugrienta masa amarilla. Una luz inquieta, repentinamente ensombrecida por nubes que pasaban con rapidez, caía sobre las fachadas, que estaban levemente oscurecidas por los aguaceros y a veces refulgían húmedas en un rayo de sol que, sin demora, desaparecía otra vez. Algunas de las casas habían sido renovadas aun antes de la caída del Muro. Las entradas adornadas con pequeños mosaicos y la pintura verde clara o rosada le recordaron a Eduard los años cincuenta germano occidentales, cuando las fachadas estridentes, ornamentadas con rectángulos y triángulos dispuestos unos dentro de otros, eran consideradas como signos de gusto lúdico y espíritu cosmopolita. Sin embargo, la mayor parte de las casas, excepto las medidas de mantenimiento más necesarias, habían sido dejadas en el mismo estado en el que habían quedado después de la guerra. En tramos completos de la calle, el revoque, salvo unos cuantos restos, se había caído de la pared, dejando a la vista los ladrillos desnudos. En varias casas, los canalones colgaban de los techos, muchos marcos de las ventanas parecían estar sueltos en la mampostería, y las vigas de hierro bajo los balcones mostraban grandes hoyos de herrumbre y se veían como si pudieran ser arrancadas con un fuerte jalón, y cada uno de los que estaban arriba o abajo de uno de esos balcones parecía confiar en que el desastre previsible no le ocurriría a él, sino a cualquier otro. Todo esto de alguna manera lo conocía

Eduard de la época anterior a su traslado, las imágenes percibidas no le decían nada nuevo, pero parecían más deterioradas al dejar de verlas que si se veían. ¿Cómo había podido en anteriores visitas negar tanto y tan tenazmente la enorme ruina de la mitad oriental de la ciudad? A falta de otro indicio, una mirada despreocupada al estado de las casas hubiera debido bastar para predecir con bastante puntualidad el desplome del socialismo real existente.

Su herencia no fue fácil de encontrar. En algunas puertas de entrada faltaban los números; en otras, el color estaba tan borrado que no se podía diferenciar con certeza un 3 de un 8. Eduard recorrió en vano la calle buscando una fachada de la cual le hubiera gustado ser el heredero. Se trataba, en conjunto, de casas de ese tipo único, sólo difundido en Berlín, que solía despertar una especie de interés etnológico entre los visitantes extranjeros. ¿Quién habría concebido esos cuarteles residenciales con dos o tres patios interiores encadenados unos a otros que escatimaban la luz a los moradores y a los árboles y que, en el mejor de los casos, servían como pasadizo hacia aquellas viviendas propiamente dichas, a las que nunca se llegaba?

Después de haber ido y venido dos veces entre las entradas cuyos números terminaban en 5 y 9, ya no había ninguna duda. Precisamente la casa sin número, con las ventanas tapiadas en la planta baja y el primer piso, era la que les había legado el abuelo a Lothar y a él. Cruzó al otro lado de la calle para contemplar la herencia desde una mayor distancia.

En lo que concernía a las condiciones en que estaba la casa, a primera vista no se podía decir nada más que sobre cualquiera de las otras cinco del grupo: era un milagro que todavía se mantuviera en pie. Sólo cuando siguió con los ojos la confusa maraña de alambre en la fachada, le quedó claro lo extraordinario de su herencia. Quienquiera que viviera ahí no podía ser inquilino. Cables de teléfono, cordones de antenas, alambres eléctricos llevaban, en parte desde el sótano, en parte desde el techo, hacia algunas de las ventanas, y de ellas otra vez hacia afuera; los cables colgaban como plantas trepadoras que no encuentran asidero en la fachada vivamente garabateada: LIBERTAD AL PAÍS VASCO. EAT THE RICH. THINK PINK. LAS CASAS PARA QUIENES LAS HABITAN. Una reflexión desacostumbrada cruzó por su cabeza: lo más rápidamente posible tendría que dilucidar qué aparatos estaban conectados a todos esos cables y quién pagaba la electricidad, el gas, el agua y la recolección de basura. ¿A quién iban dirigidas todas esas facturas? ¿En qué cuenta de banco se concentraban?

Como puerta de entrada servía una plancha de metal con varios impactos de bala. No había timbre ni placa de identificación y era improbable que la casa todavía representara una dirección para el repartidor de las diversas facturas. Era de suponer que su carta dirigida "A los inquilinos de la casa", en la que con toda amabilidad anunciaba su llegada, tampoco había sido entregada. Los dos pisos inferiores de la casa estaban tapiados, en los superiores faltaban parcialmente los cristales de las ventanas, pero había luz encendida a pleno día. La esperanza de que la casa, a decir verdad inhabitable, estuviera realmente desocupada, fue refutada con intensidad por la música de *rap* que retumbaba desde el hueco de alguna de las ventanas. Una mirada hacia el techo daba información acerca de la identidad de los habitantes de la casa: ahí ondeaba una bandera negra.

Con un empujón a la puerta de entrada, que estaba ligeramente abierta, pasó al pasillo de entrada de la casa, el cual conducía a un patio interior con dos entradas laterales. Por un segundo vio el rostro delgado de un muchacho, que lo miró con una seriedad enigmática y volvió a desaparecer de inmediato. La visión provocó en él un sentimiento para el que no estaba preparado. Era como si ese rostro le fuera familiar, de otro país, de otra vida, como si hubiera notado en él, a pesar de todo, un desamparo, algo suplicante.

Una cantidad incalculable de bicicletas, ciclomotores y motocicletas, la mayoría inservibles y sin placas, obstruían el pasillo. En el patio se apilaban cajas, puertas de refrigerador oxidadas, colchones reventados y abiertos en canal, carriolas de niños y carritos de compras, todo revuelto, como si las cosas hubieran sido simplemente arrojadas por la ventana. Por un rato permaneció indeciso entre todos los trastos y miró hacia las ventanas de arriba del edificio interior. Un ruido explosivo, que en el mismo momento se transformó en un silbido directamente sobre su hombro izquierdo, lo hizo estremecerse. En el instante en que se agachó y oyó la segunda explosión, vio junto a la bandera anarquista, como enormes pájaros de mal agüero, dos figuras embozadas, vestidas de negro, acuclilladas en el techo, que parecían saludarlo con los brazos extendidos. Con cierto retraso reconoció en las manos extrañamente dobladas de los dos hombres unas pistolas que le estaban apuntando. Demasiado sorprendido para sentir miedo, se lanzó entre los trastos hacia el pasillo de entrada de la casa y, desde ese refugio, pudo identificar las balas que ahora hacían impacto en rápida sucesión. Tan pronto dejaban el cañón de las armas, encendían, entre el techo y la entrada de la casa, un arco de fuego que se disolvía en segundos; Eduard escuchó con claridad el traqueteo de los casquillos vacíos cuando rebotaban contra las paredes y caían al suelo. De pronto sintió un golpe en el cuello y, de inmediato, un ligero ardor. Cuando palpó el lugar, notó sangre en el dedo. Por lo visto, uno de los casquillos le había rozado el cuello después de rebotar en la pared. Sin embargo, a juzgar por la cantidad de sangre, le había causado tan sólo un pequeño rasguño. La risa en el techo parecía indicar que los actuales usuarios de la casa consideraban esa bienvenida al dueño —cuya llegada por lo visto sí estaban esperando— como una broma sumamente divertida.

Eduard no supo cómo había logrado llegar después hasta la comisaría de policía. Alguien se había detenido, asustado, cuando, jadeante, le preguntó por el camino; le había indicado la ruta e incluso lo había seguido apresuradamente un tramo, porque

Eduard había dado vuelta a la derecha en lugar de a la izquierda.

La comisaría ocupaba casi toda la cuadra; un edificio público del siglo pasado que en aquel entonces, quizá, no se había visto tan atemorizante. Con excepción de la entrada feudal de columnas y el frontispicio de estuco, toda la fachada estaba cubierta de revoque gris, y había quedado dispuesta en esa forma de caja desnuda que en los años cincuenta fue considerada como la fórmula original, finalmente redescubierta, de toda construcción.

En la puerta preguntó por el director de operaciones. Esas palabras, cuando apenas las había pronunciado, despertaron en él un malestar olvidado. "Qué querría decirle en realidad a un hombre con esa denominación profesional", pensó. La ira por la recepción inaudita en su propia casa lo había llevado de manera casi automática de la calle Rigaer hasta allí. Le habían disparado con balas trazadoras y no podía ser su misión descubrir, mediante una visita posterior, si los habitantes también disponían de balas de verdad. El hombre detrás de la ventanilla redonda se quedó viendo desconcertado la mano y el cuello de Eduard y lo remitió al segundo piso.

El edificio parecía vacío y abandonado. Las huellas rojas de pisadas pegadas en el suelo del pasillo, que debían indicar el camino, sólo conducían a puertas sin picaporte. El eco de pasos, que Eduard creyó escuchar varias veces a la vuelta de un pasillo, cesaba cuando él se detenía. Si un espíritu nuevo se había instalado detrás de esos muros, no se daba a conocer mediante señales externas. El dibujo del piso de linóleo imitaba un parquet de roble.

Mientras más tardaba en subir y bajar escaleras buscando el cuarto 215, más absurdo le parecía su propósito. Le parecía como si se hubiera perdido en el tiempo, como si 10 años antes de la caída del Muro intentara reclamar sus derechos sobre una casa de alquiler en Friedrichshain en una oficina de la *Volkspolizei* (policía del pueblo). Sólo en un tablero de anuncios descubrió un indicio de que el fin de la época socialista no había pasado del todo inadvertida. ¡ALTO A LA VIOLENCIA! ¡UNIDOS EN FAVOR DE LOS EXTRANJEROS! SOY MIGRO Y CREO QUE LA VIOLENCIA ESTÁ MEGA-OUT. Era difícil de determinar si la mano extendida en el papel era negra porque la copiadora había reproducido el dibujo así o porque el autor así lo quiso.

En la vitrina, a un lado del tablero, se exhibían copas doradas y plateadas de campeones de tenis de mesa y *handball*. Le extrañó que todas las copas correspondieran a los años posteriores a la unificación. ¿Habrían escondido los nuevos patrones las copas ganadas anteriormente por el equipo de la policía —al fin y al cabo esos deportes no se aprenden de un día para otro— porque no podían soportar el emblema de la hoz y el martillo estampado en los trofeos?

En el segundo piso, Eduard por fin oyó voces y descubrió una puerta medio abierta. El funcionario que lo invitó a entrar estaba de espaldas a él y no se volvió cuando Eduard entró. Un segundo funcionario, bastante entrado en años, levantó la vista un momento de su máquina de escribir, que manipulaba con el dedo medio de la mano izquierda y el índice de la derecha, pero no estaba dispuesto o facultado para escucharlo. Con un movimiento de cabeza lo refirió con el colega más joven que, dándole la espalda, estaba de pie frente a un armario de metal. Por lo visto, se encontraba a punto de partir, pues estaba ocupado en ponerse un cinturón. Eduard observó cómo sacaba su arma de servicio del armario, probaba el seguro y luego metía la pistola en la funda de cuero del cinturón, en el lado equivocado, un poco arriba de la cadera. Obviamente era zurdo. La escena fue incómoda para Eduard. Le pareció como si hubiera sorprendido a una mujer que se estuviera acomodando las pantimedias en la oficina; reprimió una disculpa. Lo desconcertaba que el policía, que por lo visto se preparaba para una misión, llevara ropa de civil. ¿Quién era realmente ahí el responsable? ¿Qué estructuras de mando eran las que regían en ese lugar?

En la pared, detrás de la cabeza del más viejo, todavía estaban colgadas las fotos de Lenin, Cherninski, Honecker. El último de ellos todavía vivía, pero había abandonado Alemania para siempre después de la desaparición de su Estado.

De pronto, el hombre del cinturón se volvió hacia Eduard y se le quedó viendo. Parecía disfrutar el haber sido observado en un acto que aparentemente resultaba embarazoso para el visitante, pero que para él no tenía nada de íntimo.

De la manera más concisa posible, Eduard refirió el incidente en la calle Rigaer. Pero mientras hablaba, quizá debido a la mirada que intercambiaron ambos funcionarios, su relato le pareció pálido e inverosímil. ¿Oirían todos los días historias semejantes? En vano buscó en sus semblantes un reflejo de aquel *shock* que lo había arrojado al suelo en el patio del edificio de alquiler. Le dio la impresión de que ellos tomaban con comprensión, incluso con aprobación encubierta, un suceso que a él le había parecido inaudito, apenas comunicable. Por lo visto, no hallaron nada extraordinario en el hecho de que al dueño le dispararan con balas trazadoras desde el techo de su propia casa.

El funcionario más joven, a quien Eduard, por alguna razón, tuvo por berlinés occidental, le preguntó si quería presentar una denuncia. Eduard negó con la cabeza. Por primera vez, el funcionario aquel lo miró con atención, incluso con cierta curiosidad.

—Tiene usted razón, son niños —dijo entonces—. ¡No se les debe echar encima todo un ejército por una impertinencia como ésa!

Eduard se sintió incomprendido. ¿Con quién hablaba? ¿Con policías o con trabajadores sociales que portaban pistolas?

—Veo —continuó el que estaba de servicio—, que es usted un hombre sensible, que puede entenderlo. Aquí, los inquilinos no están acostumbrados a que los visiten los arrendadores. ¡Póngase en el lugar de esas personas! ¡El dueño llega del Occidente en su Mercedes...!

—En el tren urbano —lo interrumpió Eduard.

—Eso no cambia nada. Los inquilinos nunca han oído hablar de ese dueño, y el dueño no sabe nada de los inquilinos, por lo general, apenas se enteró por medio de una carta certificada de que es el propietario. Así que llega y le explica a la gente: "La casa en la que viven desde hace veinte o cuarenta años me pertenece a mí. Veremos quiénes de ustedes pueden quedarse". Entonces, por muy amable y sensible que sea, arde el alma popular.

—Pero me dispararon —exclamó Eduard—. ¡Exijo un desalojo!

Él mismo se sorprendió de su resolución. Todavía no había pensado en absoluto en un desalojo. Pero la desconcertante adaptabilidad del policía occidental a su nuevo entorno de trabajo, su disposición para compenetrarse con la manera de pensar de sus colegas orientales y para hablar como experto del "alma popular" de Berlín Oriental lo enfurecía sobremanera. En su rabia, Eduard lo veía sentado en el techo de la casa de la calle Rigaer, tomando café con los embozados.

—Primero debería usted buscar el diálogo. Una vez que los inquilinos le hayan tomado confianza... —dijo el más joven.

—¡No son inquilinos, son invasores de casas! ¡Y vienen de Occidente!

La objeción pareció intrigar también al viejo de la máquina de escribir. Por primera vez, cesó su tecleo tartamudeante. Desde luego, Eduard tuvo la impresión de que el repentino interés no tenía que ver con la identidad de los malhechores de la calle Rigaer, sino con la de él, el quejoso.

En qué lo habría notado Eduard, quería saber el más viejo.

—¡Las consignas en las paredes! ¡Los zapatos!

Ambos, el jefe de operaciones y el colega de la máquina de escribir, parecían divertidos con esa información.

—¿Los zapatos? —preguntó el más joven—. ¿De qué marca eran?

—Nike, Adidas...

—¿En qué siglo vive usted? —preguntó el mayor—. ¿Cree usted que debemos usar VEB Estrella Roja eternamente?

Confundido, Eduard miró los zapatos deportivos del más joven —¿Reebock?— y la camisa pegada al cuerpo, con pinzas en el talle y cuello abotonado. En realidad, ¿de dónde tenía la certeza de que el hombre era occidental? ¿Y qué pasaba con el más viejo, que hablaba con un ligero acento sajón? Llevaba el uniforme verde de la policía occidental, que se había vuelto el mismo de la policía de toda Alemania. No, los alemanes ya no se podían diferenciar por la ropa.

—¿No creen que ya va siendo tiempo de quitar a sus santos comunistas de la pared? —preguntó Eduard.

—A mí no me molestan —repuso el más joven con serenidad—, y algunos colegas aquí todavía les tienen apego.

Ahí, en esa oficina pública, ciertamente la unificación había tenido éxito, pensó Eduard furioso.

Probablemente en ninguna otra parte había tanta comprensión para la necesidad de adaptarse a una dictadura alemana como en las comisarías de policía y en los cuarteles militares. Al mismo tiempo, no podía negar que ambos le resultaban cada vez más y más simpáticos. ¿No representaba ese dúo la versión alemana de aquel par legendario de *sheriffs*, uno negro y otro blanco, que se veía todas las noches por televisión a las veintidós horas, recorriendo a toda velocidad y con la torreta prendida los *downtowns* estadunidenses? Y, aparte del color de la piel, ¿no tenían que enfrentar conflictos similares? Aunque ciertamente los *sheriffs* de la televisión no se contentaban con entenderse entre ellos, sino que arremetían uno contra el otro, se peleaban y se reconciliaban y, sobre todo, se precipitaban a su patrulla y salían a toda prisa cuando a un ciudadano le habían disparado desde el techo de su casa.

—Entonces ¿qué me recomiendan?

Se enteró de que había que cumplir con ciertos requisitos legales antes del desalojo. Éste sólo se podía practicar en virtud de una resolución judicial y únicamente si la casa ya había estado ocupada antes de la devolución a los herederos. Pero aun en caso de una resolución judicial positiva, el desalojo podía realizarse únicamente si Eduard llevaba a un grupo de obreros, comisionados y pagados por él, para que tapiaran de inmediato todas las puertas y ventanas accesibles del edificio —una medida que para un objeto de ese tamaño, costaría alrededor de sesenta mil marcos.

—Cuando todas esas condiciones estén cumplidas —dijo el más viejo—, sólo queda una cosa entre usted y su propiedad: su conciencia.

—¿Y quién paga la recolección de basura, el agua y la luz mientras no se practique el desalojo? —preguntó Eduard.

—El propietario —dijeron ambos al unísono, se miraron y se rieron.

BAJO EL NOMBRE DE NORMA*

BRIGITTE BURMEISTER
Traducción de José Aníbal Campos González

VERANO DE 1992. Un antiguo edificio de departamentos en el distrito Mitte de Berlín Oriental. Una mujer está sentada en su casa frente a la computadora. Con los ruidos del patio interior en el oído, traduce un libro sobre Saint-Just, el revolucionario francés. En medio de todo ello, los sucesos del día: la liquidación del menaje de un departamento después del suicidio de la inquilina. Visita de Max, un fanfarrón de la farándula. Conversaciones telefónicas con Johannes, el esposo, que se ha marchado al sector occidental del país. Cartas de Estados Unidos, escritas en los años sesenta a las hermanas König, las vecinas hace tiempo fallecidas. La traductora encuentra —e inventa— recuerdos de la vida propia, de vidas ajenas.

Viaja donde Johannes.

En una fiesta, entre personas prósperas de la parte occidental, la mujer toma por confidente a una desconocida y le cuenta la historia de la informante

---

* Fragmentos de la novela del mismo nombre.

Norma: "Ha llegado el momento de que usted conozca la verdad sobre mí"…

Capítulo 1

Es un edificio grande, construido hace cien años. El sector de la ciudad donde se encuentra se siguió llamando Mitte, el centro, aun mucho tiempo después de haber pasado a ser periferia, con la tierra de nadie detrás, donde se hacía uso de las armas de fuego. En medio de la ciudad, el vacío, un lugar de recreo para los conejos que, desde la reaparición de las personas han desaparecido de allí, de vuelta al cercano Tiergarten.*

Desde la esquina donde se encuentra situado el edificio se llega ahora en pocos minutos bajo la sombra de empinados árboles. Ya estaban allí antes de la guerra o han estado desde hace casi cincuenta años, más jóvenes que el barrio que ha vuelto a ser el centro, a pesar de que la mayoría de sus calles parecen tan olvidadas como antes. Uno que otro edificio recién pintado, todavía en pie por obra del azar, con esa sólida escala descendente establecida hace un siglo y que va desde las bondades del edificio del frente, pasando por el edificio transversal, hasta llegar a los patios interiores, una evidente reducción de espacio, luz y agua, que luego fue mejorada un poco,

* El extenso parque metropolitano en el centro de Berlín, que en tiempos de la RDA se encontraba del otro lado del muro.

sólo en los casos muy extremos. El edificio de la esquina no pertenecía a estos últimos; con su precariedad promedio, lo mismo antes que después, su fealdad parece ahora colosal bajo una nueva luz, y basta con verlo para saber quiénes son sus habitantes: una masa gris, cetrina, repartida en cuatro pisos en el edificio del frente y los accesos del fondo, de la A a la E. Sin embargo, si uno se detiene un rato, verá salir por esas puertas a uno que otro individuo sonriente o de aspecto casualmente colorido que rompe el conjunto, de modo que resulta imposible decir algo más general salvo que todas esas personas, a no ser que estén de visita, llevan en el espacio correspondiente de sus cédulas de identidad la misma dirección, o mejor dicho, la misma corrección, porque la calle en cuya esquina se encuentra el edificio fue rebautizada con el nombre que había estado, hasta la corrección anterior, en las cédulas azules de identidad de los inquilinos más antiguos.

—¿Busca a alguien? —preguntó un joven con cola de caballo al que no había visto nunca y a quien tampoco miré detenidamente, pues, como si me hubiesen sorprendido *in fraganti*, mi mirada se deslizó por la alta pared del edificio transversal y se dirigió directamente hacia una puerta.

—No, a nadie, yo vivo aquí —dije y caminé derecho hacia la puerta, como si mi manera de andar hubiese de subrayar la respuesta, y entré en la escalera, que estaba oscura y silenciosa, así es, no tenebrosa y desierta, como decía la última de las cartas que me llegan puntualmente, exhortándome a ser más precisa en mi manera de expresarme.

Tú y tu maldita condescendencia, siempre tratando de no meter la pata, ¿no es cierto? Tienes que aprender a ser menos considerada, dice allí, y aunque sé que eso es cierto, no obstante, insisto, oscura y silenciosa, al fin y al cabo subo cada día por esa escalera que el remitente ha abandonado definitivamente; ¿comprendes?, borrón y cuenta nueva, de otro modo no podría comenzar una nueva vida, además, ya nada me ata a ese valle de lágrimas, escribe él textualmente, nada, excepto tú, y luego describe la vista de las montañas lejanas, de los viñedos y de la llanura del Rin, la alegre quietud del jardincito y el bello y espacioso departamento. Idilio de mierda, pensé, pero aun así esto aquí no es, ni con mucho, el limbo, le escribiré, ja ja, y ojalá tenga que buscar en el diccionario lo que significa esa palabra.

¡Nada de tenebrosa y desierta! La ciudad está inundada de luz, el cielo es azul como un nomeolvides, y en mi recorrido de compras por el barrio la gente se veía como si hubiese creído esta mañana lo que decía el periódico: "Jamás fue tanto el comienzo. Incluso en nuestro patio". El ir y venir de los cargadores de mudanza, contoneándose bajo unos butacones alzados, ebrios de sol y en la euforia de una incesante fiebre de mudanzas, eso no tengo que explicártelo.

En la escalera escuché que en el segundo piso la señora Schwarz se disponía a abrir su departamento. Conocía los ruidos, el correr de la cadena, cuyo pesado extremo golpeaba contra el marco de la puer-

74

ta, donde seguramente habría un parte desgastada y una muesca; el sonido de las llaves en el llavero, el chasquido y el clic de los cerrojos; cuando hacía girar dos veces el seguro y luego giraba el picaporte y sacudía la puerta, como si ésta tuviera que abrirse antes de tiempo, significaba que la señora Schwarz ya había logrado abrirla, dejando salir a la escalera un torrente del olor de su departamento.

Sabía que ella estaría ahora husmeando en el umbral, veía sus pantuflas unos escalones más arriba, las gruesas medias pardas, luego el cuerpo entero, hoy con un vestido de chaqueta color vino, sin delantal, como si fuese domingo. Con la señora Schwarz, para quien el entorno se hacía cada vez más incomprensible, uno tenía regularmente oportunidad de describir y de explicar, sólo era preciso en esos casos alzar la voz con cierta perseverancia. Pero cuando me decidía a hacerlo, era siempre de un gran provecho, una conversación sin ese sentido disimulado y sin ese tono suspicaz, ni el de antes y ni el de ahora. Qué sucedía en el patio, quiso saber la señora Schwarz. Nada especial, dije; deposité la bolsa de las compras en el suelo y, gritando en su oído derecho, le hice una descripción exacta de los muebles, de los empleados de la mudanza, un detallado informe sin los viejos tonos de crítica ni los nuevos de legitimación. Me esforcé mucho, y al poco rato también la señora Schwarz parecía agotada de escuchar. Agradeció mi esfuerzo y olvidó preguntar quién se había mudado. Así me libré del asunto. Tal vez aparecería alguien en mi lugar que mencionaría el nombre y le explicaría que no se trataba de una mudanza, sino la triste verdad, y así la señora Schwarz conocería la historia, hoy mismo, o tal vez otro día por mi propia boca, ya veríamos.

Como siempre tenías que salir temprano de casa y pasabas todo el día fuera, y como en los bellos fines de semana salíamos de la ciudad, nunca notaste cuán luminoso es nuestro departamento por las mañanas, al menos éste. Del anterior no podía decirse lo mismo, ni siquiera con la mejor voluntad, mucho menos después de que añadieron aquellos pisos en la Marienstrasse, algo que a ti apenas te molestó, pero que para mí fue una catástrofe, seguramente lo recordarás; cómo te pareció exagerada mi desesperación al ver aquel cielo menguado, e impropio mi llanto por aquel simple pedazo de muro, mientras que el otro, tan cercano, parecía no importarme. Hagamos cuentas —dijiste—, tus lágrimas de la última semana a causa de aproximadamente cuarenta metros cuadrados de concreto, y ahora dime, cuánto mide el Muro de Berlín, ¿acaso lo sabes? No tengo ni idea —grité—, y me importa un bledo, también me da lo mismo tu estúpida estadística, como si uno llorara por metro o sólo por las grandes cosas de carácter general; por las miserias de este mundo, ¿quién lo hace?, nadie, te lo apuesto, en eso la humanidad entera se comporta de manera impropia, puedes olvidarte de ella, igual que olvidas obviamente que soy yo la que se pasa todos los días en este agujero, porque aquí está mi lugar de trabajo, junto a una supuesta ventana desde la cual uno tiene que sacar medio cuerpo afuera para ver si el cielo está gris o azul, si es que eso te dice algo. También de esa disputa quedó algo, una incisión en alguna parte a la que no se le prestó mayor atención. Poco después surgió aquella posibilidad de cambiarnos al piso más alto, desde donde incluso se ven árboles por encima de los tejados y patios, un grupo de álamos, que tú, ignorando la realidad, bautizaste como Los Tres Iguales, porque el nombre te recordaba algo, unas rocas o las torres de un castillo en lo alto de un río. Te gustaba la vista, también el departamento, más luminoso, aunque habrías podido seguir viviendo en el otro, o en uno peor incluso, y ahora de repente ese entusiasmo por la vida confortable, las alabanzas al horizonte y a la luz. Como si enviaras tus cartas a una caverna. Es que no sabes cuán luminoso es esto aquí por las mañanas.

El sol brilla sobre mi mesa de trabajo, pero no corro las cortinas y dejo abierta la ventana. Durante el día me estorba el silencio. Claro que no todos los ruidos son igualmente bienvenidos. Prefiero las voces, los pasos, los tenues ruidos del rotulista y del plomero a los de los motores en marcha, y sobre todo al de la sierra que a veces pone a funcionar nuestro comerciante de carbón. En el segundo patio se escucha todo esto mezclado con un lejano ronroneo, de manera distinta al cajón del frente, que absorbe el ruido y arroja ecos y que es lo bastante estrecho como para que los inquilinos, sin necesidad de poner un pie en la puerta, puedan conversar en cualquier dirección, algo que de todas formas no sucede.

Los ruidos suben y pasan por mi lado, hacia el cielo. No me estorban. Al contrario. Lo que me estorba durante el día es el silencio. Aquí ese silencio siempre es falso, un motivo de distracción, porque uno trata de escuchar lo que oculta o adivinar el instante en que se romperá de repente. Tampoco me gusta la mitad fría del año, porque entonces predomina el ruido del edificio. A pesar de su intensidad, ese ruido es más afín al silencio, tal y como yo lo conozco aquí, que a los ruidos del exterior. Sólo los pasos en el desván, que son raros y se escuchan en horarios bastante irregulares, me distraen gratamente. Son pasos misteriosos, ya que allá arriba no hay más que escombros y polvo, y sólo los oigo en invierno. Ahora estamos en junio.

[...]

Son pasos del todo normales, raros únicamente porque allá arriba no hay nada que ir a buscar y nadie sube hasta allí. Pasos que no reconozco, lo cual no quiere decir nada, pues por los patios transitan tantas personas que resulta imposible retener la manera de andar de una sola, a no ser que sea particularmente extravagante. Otra cosa, por supuesto, son los pasos recurrentes en la escalera. Esos los conozco todavía, aun cuando ya no los oiga. Johannes, las hermanas König, Neumann, el señor Samuel, a quien su esposa siempre enviaba a fumar a la calle, Margarete Bauer, todos se han mudado o han muerto, y la señora Schwarz, la de hace varios años, cuando todavía salía de su departamento, los tengo más frescos en el oído que los de ahora, entre los cuales sólo Norma, desde la primera visita, se me ha quedado grabada, al punto de que me levanto de un salto y abro la puerta mientras ella todavía recorre el camino en algún punto entre la primera escalera y mi departamento.

Abajo, en el patio, todos suenan parecidos y sólo puedo diferenciarlos individualmente cuando la manera de andar es muy ruidosa o va acompañada de sonidos muy particulares. En tacones altos y siempre con prisa pasa por allí una mujer a la que no conozco, a quien reconozco solamente como un martilleo, como la imagen de unas duras pantorrillas y unas nalgas firmes que se me hace presente, sin mirar por la ventana, tan pronto como pasa el enérgico estruendo. Pero sí miro hacia abajo cuando comienzan los barridos, arrastres, tintineos y traqueteos, esos ruidos pertenecientes a unos pasos imperceptibles me llamaron la atención por primera vez en marzo y que desde entonces avanzan cada tres o cuatro días desde el patio del fondo hasta el frente, lo que también han notado otros.

—Un hombre laborioso —dijo Behr, el plomero.

—Lo que quisiera saber es qué cosa era antes, pero eso no lo sabremos nunca, por lo menos no nosotros, que siempre nos toca quedarnos sin nada, mientras esa banda sigue unida como uña y carne, y ya se han repartido otra vez todo entre ellos, todos los terrenos y los cargos, y ninguno de ellos tiene que salir de su departamento a cagar en el piso de abajo —dijo la señora Müller.

—Pero ahora hay limpieza, al menos eso hay que reconocérselo —dijo el señor Behr.

Estuvimos todavía un rato juntos, mientras una llovizna caía del cielo grisáceo, y hablamos sobre los desperdicios de los nuevos tiempos. Hasta hace poco el patio se veía peor que nunca, eso lo notaron todos los que pasaban o tenían que depositar algo junto a los botes y los contenedores repletos, pero adónde íbamos a llevar la basura, a final de cuentas no se la puede uno comer, y si son capaces de subir los alquileres con tanta facilidad, debió ocurrírseles al menos alguna solución, en eso estuvimos todos de acuerdo e insistimos en ello. Hasta que al edificio le pusieron un portero y éste asumió los desafíos de los nuevos tiempos.

Kühne barría con una meticulosidad implacable, especialmente en las ranuras. Yo ya no pensaba aquello de que le hacía cosquillas al piso hasta hacerlo reír. Tampoco sentía placer viéndolo trabajar, lo miraba indecisa respecto de si debía dejar de observarlo o seguir haciéndolo. Para no perder el instante en que la corpulenta figura de la bata azul hiciera algo que me proporcionara claridad.

—Cuando oigo tales cosas, había dicho Norma, claridad, verdad, el instante decisivo. ¡Precisamente de ti!

—Es que siempre veo la misma imagen. Un corredor infinito y un joven de rodillas con un cepillo de dientes, avanzando centímetro a centímetro, y muy cerca de sus manos unas botas, a veces las veo también al final del corredor hasta donde debe llegar el joven con su mísero cepillo, aun cuando tenga que estar restregando casi toda la noche, y sobre esas botas veo, con suma nitidez, a Kühne, no con la bata, sino de uniforme, y escucho esos bramidos que uno conoce por relatos y películas; y puede ser que al propio Kühne lo hayan tratado así, pero que luego él vocifere que eso no hacía daño a nadie y obligue al joven a blanquear las lozas, especialmente las ranuras, eso es lo terrible, creo yo, y no se puede olvidar así nomás, aunque ahora lo principal es que el hombre sea útil; eso no voy a discutirlo.

—¿Y qué pretendes entonces?

—Conocer la verdad, saber si lo lamenta, si siente al menos un ápice de culpa, de ser cierta esa imagen de su pasado que veo frente a mí cuando lo observo barrer.

—Pues baja y pregúntale —había dicho Norma.

Kühne también trabajaba con las bolsas de plástico. Seleccionaba los desperdicios que él mismo había juntado y amontonado y, cuando los contenedores estaban llenos, los echaba en las bolsas que luego se llevaba. A dónde, eso no podía verlo. A ninguno de los que les pregunté le había interesado el problema. Entonces tratamos de adivinar: que nuestro portero acaparaba cosas y estaba en posesión de depósitos secretos nos pareció poco probable; más bien creíamos que las repartía por los alrededores, y que el orden reinante en nuestro edificio estaba en relación directa con el aspecto catastrófico de los patios vecinos. La culpa la tiene quien tolera que le hagan una cosa así, opinaba la señora Müller.

81

Quizá si no desistía de mis observaciones, podría llevar a Kühne hasta un punto desde el cual fuera posible desentrañar su pasado.

[...]

Si no dejo que nada me distraiga y logro adelantar en el trabajo, si Norma tiene tiempo esta noche, podríamos [...] ir a cenar al otro lado.* Tal vez sería igual que antes.

En cuán poco tiempo cambiarían las cosas y las mitades de nuestra ciudad mostrarían un nuevo aspecto, y la vida, tanto aquí como allá, iría siendo la misma, sin percibir ya las antiguas afiliaciones, que se citarían sólo ocasionalmente en retrospectiva. Éstas eran algunas de las cosas que pensaba y que ahora estaban tan distantes, que me resultaba imposible conciliar esa distancia con el ritmo de meses, apenas años, en que el tiempo real fue tomando sus propios rumbos desmedida, desconcertante. Por eso lo amaba en instantes estabilizados.

Nos iríamos, pues, "al otro lado", con la expresión que ha perdido su peso de muchos años pero no su utilidad; nos mantendríamos en el límite, como la última vez, y entraríamos en nuestro café, precisamente detrás del antiguo paso fronterizo. Nuestro café, así lo llamábamos desde aquella noche en que estuvimos allí, interrumpiéndonos mutuamente en la conversación, diciéndonos: ¡Yo también!, o: A mí me pasó igual, este edificio era un puesto fronterizo

* "Al otro lado", para alguien que está en el sector oriental, significa pasar al sector occidental, en este caso Berlín Occidental.

del otro mundo, visible pero inalcanzable, más solitario y alto en el sueño que en la realidad, sí, yo también lo vi así, con un balconcito, a decir verdad era sólo una reja delante de una puerta angosta, y el cielo sobre el edificio no tenía nubes ni color, al menos yo ya no lo recuerdo, yo tampoco. Tuvimos que reír aliviadas cuando nuestros puntos de vista volvieron a divergir, a Norma la pintura café de la pared le parecía agradablemente cálida; yo la encontraba repulsivamente lóbrega, y tampoco pudimos ponernos de acuerdo sobre si el joven cabecilla de un grupo que discutía en el salón contiguo era empleado de un banco o redactor de un periódico alternativo, si animaba o impartía órdenes a las demás personas sentadas alrededor de la larga mesa. Pero que la ensalada fresca, la espinaca en hojaldre y el vino seco formaban parte de las cosas buenas del otro lado era definitivo para ambas, a lo cual podía añadirse una lista de otras cosas por las que levantamos nuestras copas cada vez más complacidas en brindar por el precio de los nuevos tiempos. Regresamos alegres a casa dando un gran rodeo [...] sin prestar atención al sitio donde estábamos ni tropezar con los baches o los restos de hormigón, sin ver la franja de la muerte ni terrenos que esperan ser construidos, ignorando la oscuridad, hasta que llegamos de pronto a nuestra calle, sin recordar en qué lugar habíamos cruzado el río.

Ahora todo eso ha quedado atrás, a pesar de que, según el calendario, todavía no hace dos años y medio desde aquella noche. Johannes había regresado a casa poco antes que yo [...] de una junta, y estaba todo menos eufórico. Habían estado discutiendo durante cuatro horas sobre el programa para las elecciones, o mejor dicho, sobre una única formulación del programa. ¿Estaba Max allí?, pregunté, y también quise saber de qué habían hablado. Olvídalo, dijo Johannes antes de comenzar su relato. Estábamos sentados en la cocina y hablamos hasta bien entrada la noche, una de aquellas miles de conversaciones similares de entonces; yo ya olvidé, de hecho, el punto del programa que habían tratado, no porque tú me lo hubieras exigido, sino porque mi memoria no retiene esas cosas, es algo que no puedo cambiar, y ni siquiera lamento que se hayan perdido tantas frases, el contenido de nuestras opiniones, acaso de nuestras ilusiones; en todo caso, tú lo sabes mejor que yo y ya no quieres oír nada al respecto.

Pero sí recuerdo que casi al amanecer —no podíamos haber dormido mucho— me desperté sobresaltada, quizá para salvarme de algún sueño opresivo, o porque me despertó su voz. Recuerdo que yacía despierta a tu lado, escuchando; otra vez estaba allí el mirlo de nuestro patio, cantando como si nada hubiese cambiado en todo el tiempo en que dejó de oírsele, se había ido calladamente a pasar el invierno quién sabe a dónde y ahora que se acercaba la primavera, regresaba con su melodía, la misma de generación en generación, para mí al menos era, sin diferencias, nuestro mirlo, sonoro en el silencio de la mañana entre los altos muros, donde él, pensé, cantaría también el año próximo, y el otro, y el siguiente, sin importar qué nuevo orden imperase. Mientras disfrutaba los sonidos del exterior y el aire de la mañana, sentí la ciudad que rodeaba al pajarillo como algo ligero, que estaba ahí desde hacía mucho tiempo y con buenas probabilidades de sobrevivirnos. Me afiliaré a la Sociedad Protectora de Aves, dije en voz alta, como si tú pudieras oírlo en el sueño...

Capítulo 2

El timbre de la puerta. Un ruido tenue. No es la manera de tocar de Norma. No estoy para nadie. Si no trabajara en casa, no me podrían visitar durante el día. Una mala costumbre que la gente simplemente no deja. Por qué no permanecí sentada. Quien de veras quisiera algo, regresaría en otra ocasión. Abrí. Delante de la puerta estaba la señora Schwarz. Yo le había hablado de la mudanza, pero no le había dicho ni quién se mudaba ni a dónde, me dijo, como si no hubiera transcurrido tiempo alguno entre esta mañana y ahora. No debí moverme del asiento. Pero ahora ya era demasiado tarde. Le pedí que pasara. Nos sentamos una junto a la otra en el pequeño sofá que dejaron las hermanas König, y le dije, tan alto como pude:

—No era una mudanza, fue una liquidación de menaje.

La señora Schwarz meditó. Luego preguntó:

—¿Ha muerto alguien?

—Sí.

—¿Quién?

—La señora Bauer.

La señora Schwarz me dirigió una mirada tan ausente que repetí:

—Margarete Bauer. La que vivía antes en nuestra escalera.

Como si la señora Schwarz no supiese quién era Margarete Bauer.

—Pero, ¿cómo es posible? —dijo después de una larga pausa—. Ella vino a visitarme hace poco. Fue el día que el joven de la Asistencia Social trajo la comida demasiado tarde. Había frijoles con carnero. Habrá quien se lo coma. Se lo dije al joven, aunque él no tenía la culpa, pero de todos modos le dije que les diera mis saludos a los de la cocina y que me quedaría con el pudín, pero eso lo puede regresar tal y como está, y ni siquiera tienen que molestarse en enviarlo la próxima vez si tiene carnero. Cuando mi esposo todavía vivía, bah, él sí que habría armado un gran escándalo, porque a él no le gustaba bromear con la comida. Pues esa tarde vino Gretel* a tomar el té con pastel de manzana de Dörner, las rebanadas son ahora el doble de grandes que antes, pero también tres veces más caras, dijo ella, y todo lo demás, yo podía darme por satisfecha de estar jubilada hace tiempo y de que ya casi ni me entero de las cosas. Ella me contó de Norbert. Él siempre fue un chico difícil, con todo lo que ella hizo por ese hijo...

*Diminutivo familiar del nombre Margarete.

Intenté acordarme de Norbert, unos chillidos en la escalera, algo flacucho, rubicundo, al lado de Margarete Bauer. Más tarde una sombra cada vez más espigada, siempre al lado de su madre, con la cabeza vuelta hacia otro lado, cuando me la encontraba en el patio y ella comenzaba a hablar de las incompatibilidades entre su hijo y el sistema escolar reinante.

Yo la escuchaba del modo acostumbrado, con cara de atención y los pensamientos rápidamente en otra parte, y no recuerdo mucho, salvo la afirmación general de que los hombres, frenados en su desarrollo, no eran aptos para convivir con las mujeres de hoy, que el destino de una madre que cría a su hijo sola era demasiado duro en la actualidad como para servir de hito en el camino de la evolución social, pero en todas partes es lo mismo, porque nuestra sociedad, en lugar de ensayar formas múltiples de convivencia, se mostraba en este aspecto tan incorregible e incapaz como en cualquier parte donde se tratara del hombre nuevo; el maestro de matemáticas de Norbert, por ejemplo, el único hombre en la escuela, aparte del conserje, y que sin duda era un as en su asignatura, sólo daba clases para los mejores, lo había dicho repetidas veces en las reuniones de padres, y otras cosas mucho peores sobre las cuales la mayoría guardaba silencio o se acaloraba posteriormente, camino a casa, es inconcebible esa timidez, sólo ella y otro padre, un señor con aspecto de ser muy poca cosa, a quien ella había tomado a primera vista por un alumno, en fin, sólo nosotros dos nos quejamos, dijimos nuestra opinión e hicimos propuestas, todo en vano, como si le hablásemos a la pared, dijo en algún lugar de mi memoria Margarete Bauer.

Su voz potente llenaba el patio, como si hubiese regresado aquella otra mujer, la que se paraba junto a la ventana abierta a predicar a las paredes del primer patio; eso parecía, aunque en realidad muchos escuchaban, en los pasillos o también detrás de las ventanas abiertas, atraídos por esa voz que pregonaba el Juicio Final. Podían entenderse bien algunas palabras aisladas y el sentido del conjunto, que caía sobre nosotros en el tono de una condenación eterna, justo castigo por todos los vicios y blasfemias, sobre todo de los rojos, como se percibía claramente. A Johannes y a mí nos caía bien aquella imponente anciana de trenza canosa, de quien, fuera de eso, no sabíamos nada, ni siquiera el nombre, y que me contaba a mí [...] como creyeron haber entendido las hermanas König, entre las candidatas al purgatorio, aunque yo estaba convencida de que ella no tomaba en cuenta a nadie a su alrededor y que era precisamente esa ausencia del entorno lo que le daba fuerzas para decir la verdad que ella tenía que anunciar, colocarla en el patio para uso público, ya que se trataba de una verdad válida para todos y un llamado a la conversión dirigido a todo aquel que tuviera oídos para oír. Pero antes del Juicio Final viene el Armagedón, dijo Johannes una noche en que pasábamos por debajo de su prédica, la batalla final, si es que los pueblos no desoyen las señales, y mientras tanto nosotros debemos mantenernos firmes, hermana. Yo lo golpeé en el costado, a pesar de que estaba convencida de la inaccesibilidad de esa mujer a quien nosotros, para diferenciarla de la gritona del segundo patio, llamábamos la pregonera. En algún momento noté que su ventana permanecía cerrada. La muerte la ha llamado, me explicó con rabiosa serenidad Ella König.

Desde que enmudeció la pregonera nadie había llenado el patio con su voz como Margarete Bauer cuando ésta última se ponía a hablar. Me llevaba una cabeza de estatura y tenía mucho más carne que yo. Era maciza, envuelta en una piel lisa, muy morena en el verano. Con sus ojos oscuros y su cabello lacio y negro parecía oriunda del sur. Poco después de que Margarete se mudara a nuestro edificio, el señor Neumann preguntó si ahora también albergarían gitanos aquí.

Cuando se paraba a hablar, me daba la impresión de que se cargaba, de que sus reservas de energías alcanzarían para las próximas horas y se distribuirían de forma homogénea, sin ninguna señal de agotamiento en su rostro ancho y vivaz o en la postura de su cuerpo, bien erguido, como si hubiese aprendido a llevar pesos sobre la cabeza. Hablaba a la lejanía, no parecía necesitar un interlocutor, ni siquiera la proximidad de la larga sombra alrededor de la cual giraba en definitiva toda su conversación. Pero, a diferencia de la señora Müller, que charlaba con todo aquel que se cruzara en su camino, Margarete Bauer tenía interlocutoras fijas; durante un tiempo fui yo. Sin duda tuvo motivos para su elección, pero éstos nunca se mencionaron y tampoco era posible discernirlos en la persona elegida. La actitud de Margarete tenía algo de ese augusto arbitrio de los gobernantes absolutos, a pesar de la afectividad con que lo practicaba. Cuando caí en la cuenta, me sentí humillada por mi total impotencia, objeto de una decisión exclusivamente suya. Luego fue eso precisamente lo que me agradó, porque constituía un alivio. No necesitaba hacer nada para justificar la elección de Margarete, no tenía que cortejar ni luchar ni tampoco inquietarme por una franqueza unilateral, para la cual existían tan pocas razones visibles. Es cierto que teníamos la misma edad, que nos gustaban las mismas novelas, que atesorábamos, cuando era posible, mermelada de ciruelas y pulpa de fresa, que temíamos a Neumann y no estábamos afiliadas a ningún partido, que en otra época habíamos idolatrado a Gérard Philipe y padecido la impetuosa añoranza por viajar a países lejanos en primavera. Pero a esas cosas en común se oponían importantes diferencias en el estilo de vida y en las experiencias. Margarete vivía con un hijo y sin marido, yo con un marido y sin hijo. Yo podía trabajar y dormir cuando me viniese en gana. Ella tenía que salir temprano, ocuparse del muchacho, inclusive los sábados, porque a la ministra de Educación, esa cabra horrorosa, decía ella, a pesar de una petición excepcionalmente enérgica de los padres, no se le había podido arrancar una modificación del horario establecido. A las ocho, no necesariamente en punto, tenía que llegar a su editorial, que por suerte no le quedaba muy lejos, y allí pasaba casi nueve horas diarias, luego le tomaba diez minutos llegar a casa, donde iniciaba enseguida las labores que yo, en lugar de atender a los detalles y grabármelos tal y como eran relatados, ubicaba en la rúbrica de labores domésticas y educacionales, haciéndolas desaparecer en la ya habitual perífrasis llamada "segundo turno de trabajo". Por eso, sólo han quedado cosas muy generales, un andamiaje de sustantivos tales como división del trabajo, relaciones entre los sexos, patriarcado y emancipación, como si Margarete Bauer hubiera estado parada en silencio detrás de unas pancartas con consignas.

—Ella parecía rebosante de vida, nunca me habló nada acerca de una enfermedad. Y ahora, de repente —dijo la señora Schwarz.

Alrededor de mi mesa de trabajo aún había claridad, pero el rincón donde estábamos sentadas, lejos de la ventana, se hallaba bajo esa constante penumbra de los departamentos berlineses con sus largas paredes. Desde el sofá no podía descifrar la letra en la pantalla de la computadora, y ya no sabía tampoco en qué palabra interrumpió el timbre de la puerta la historia de ese revolucionario que debe haber sido hermoso en su juventud, es decir, casi hasta el final, porque murió a la edad de veintisiete años, y comparado con eso Margarete Bauer había vivido mucho tiempo.

—En sus mejores años —dijo la señora Schwarz negando con la cabeza—. ¿De qué murió? ¿Fue en el hospital? Una vez, cuando ingresaron a mi esposo para una operación, en su cuarto había...

¿Qué debía decirle a la anciana en cuanto terminara su historia y retomara su pregunta? Lo siento, no lo sé, ¿acaso es tan importante conocer la causa de la muerte? Un repentino paro cardiaco. Eso sonaba a disimulo, y lo era. Saltó desde un balcón en el departamento de una amiga, décimo piso, murió en el acto. Parece ser que así fue. Yo creo que así fue. Que saltó o se dejó caer. El meollo de la noticia. Tal vez el piso no fuera exactamente ése, quizá tampoco lo de su muerte instantánea. Pero cómo podía decirle que se había suicidado y nada más, sin ninguna explicación, despedir a la señora Schwarz después del deber cumplido, yo había dicho la verdad, si luego ella quería romperse la cabeza con eso, no era asunto mío. Qué sabía yo. Habíamos dejado de vernos desde que Margarete y Norbert se mudaron a la escalera A, apenas si nos encontrábamos, ella había disuelto el vínculo de manera tan unilateral como lo había comenzado, lo que yo acepté con un callado pesar, en el que se ocultaba un resto de humillación, pero ningún incentivo por salirme de un papel que me quedaba a la medida, porque nada podía cambiar en él, y que luego, cuando me libraron de él, cayó en el olvido casi sin dejar rastro, de modo que la naturalidad con que Margarete se confió a mí, la misma con la que yo la había escuchado, dócil y distraídamente, se convirtió en unos amables gestos y palabras de saludo cuando nuestros caminos se cruzaban fortuitamente. A partir de lo poco que conservaba en la memoria, de los rumores que circularon en el vecindario, tendría que organizar una explicación por consideración a la señora Schwarz.

Que Margarete Bauer había perdido su empleo el año pasado, y desde entonces no hacía otra cosa que estudiar las ofertas de trabajo, escribir solicitudes, pasar incontables horas en las salas de espera de las oficinas sin encontrar nada que fuera apropiado para ella o para lo que ella fuese apropiada; que las probabilidades de éxito se hacían cada vez más exiguas y cada vez más difícil la subsistencia diaria, también porque el cálculo y la renuncia no figuraban entre sus fuertes; que Norbert se había marchado —huyendo de la madre, decían las malas lenguas— y que la dolorosa y larga relación que Margarete sostuvo durante años con un hombre casado no había sobrevivido al abrupto cambio general; todo eso era terrible, pero no era nada nuevo para la señora Schwarz, con quien ella se sentaba a tomar el té y a comer pastel de manzana y a quien contaba sus desgracias, de eso estaba yo convencida.

—¿No le dijo nada de sí misma?

—Por supuesto, de todos esos sucesivos golpes del destino, pero no dijo una palabra sobre una enfermedad —dijo la señora Schwarz, y siguió con su historia del hospital.

El salto desde el balcón quedaba fuera del marco de sus suposiciones. En ese sentido, comprendía a la señora Schwarz. Para mí era algo que había sucedido en algún lugar del vacío, Margarete se había arrojado a la muerte en un cuerpo irreal. Y en las murmuraciones, aquí, un ser extraño deambulaba desde entonces como un fantasma por escaleras y patios. La mayoría de las veces resultaba del todo claro por qué tenía que pasar eso, lo que es demasiado es demasiado, decían, una víctima más de nuestra revolución sin derramamiento de sangre, pero no, no fue así como nos imaginamos el cambio, otra vez a costa de los débiles, de los de piel sensible, que no son los menos, consulte usted las estadísticas, todo está ahí, en blanco y negro. Otras veces era que había perdido la cabeza, porque uno no se suicida a causa de tales historias, a dónde iríamos a parar si cualquiera al que algo le sale mal echa mano de una cuerda, no, ahora tenemos que resistir, finalmente las cosas tendrán que mejorar, sobre todo si uno pudo aguantar los últimos cuarenta años; qué quiere realmente la gente, siempre la bendición desde arriba y esta vez la correcta, sólo que sin partirse el alma, sin asumir responsabilidades, imagínese eso, como madre, yo vi al muchacho, totalmente perturbado, cómo pudo hacerle ella algo así. Y en el edificio vecino, donde vive Norma, habían descubierto en esa persona la mancha infame, su secreto largo tiempo oculto, compuesto de dos letras,* eso por supuesto, pues ahora todo se descubre, sale a la luz de la verdad, y algunos no lo soportan, es trágico, pero tiene su lado de justicia, crimen y castigo, sólo así las cosas volverán a arreglarse, claro, tenía que suceder, a usted se le

---

* Se refiere a las dos letras IM, colaborador no oficial del Ministerio de Seguridad del Estado, cuyas prácticas de control preocupan desde la caída del Muro a la opinión pública en Alemania.

ocurriría levantar una casa en terreno pantanoso, ya ve, y esos expedientes no mienten, por qué habrían de hacerlo.

—Usted no dice nada, señora Schwarz.

Comprendí que ella había terminado de contar su historia y repetido la pregunta. Su rostro se veía como yo lo imaginaba mientras se esforzaba por abrir la puerta.

—A mí me lo puede decir, ya sabe, Gretel no habría tenido objeción, ella siempre me...

—Ella no estuvo en el hospital —dije rápidamente—. Se arrojó desde un balcón, de un décimo piso. No quería seguir viviendo. Murió allí mismo.

Desde el patio oía ahora claramente los ruidos que venían del jardín del rincón, era fin de jornada y la temperatura era ideal para sentarse afuera. Una confusión de voces masculinas, después una sola voz, y luego una risa unánime que fue diluyéndose poco a poco; tintinear de cristales, bebían cerveza de botella. La señora Schwarz miraba al suelo, no se movía ni hablaba. En algún momento trató de incorporarse. La ayudé. Caminamos hasta la puerta. Le pregunté si deseaba que la acompañara. Negó con la cabeza. Bajó las escaleras, el pasamanos gimió y rechinó. Luego hubo silencio. Finalmente, cuando ya me disponía a ir tras ella, sonaron las llaves, crujió la cerradura, la puerta se cerró de golpe y se oyó cuando echó la cadena. Luego ya no oí nada más. Sentí rabia. ¡Cómo se largaba la gente! A la llanura del Rin o al más allá, y los que quedaban detrás tenían que mirarlos, seguirlos, cada quien estaba en plena libertad de hacerlo, libertad sobre todo, y temeroso, débil o estúpido el que no los acompañara, la misma ley de selección natural antes y ahora, la dirección del domicilio todo un psicograma. Y en las tumbas recientes, víctimas, victimarios, victimarios víctimas, todos sin posibilidad alguna de ser interrogados, cuanto más densas las suposiciones, tanto más terminantes los juicios, desconcierto absoluto de los que no podían explicarse nada. Seguramente la señora Schwarz estaría ahora sentada en su lúgubre cocina, murmurando algo para sí.

Debería haberle dicho: la historia encaja perfectamente. Margarete hizo lo que quería hacer con la mente clara, tal y como la conocemos, su muerte completa la imagen que tenemos de ella sin desvirtuarla, y en lugar de reprocharle que nos haya abandonado, deberíamos estar agradecidos de que encontrara esa salida para ella, pues no se trata de otra cosa sino de un camino hacia cielo raso. O cualquier otra cosa que se me ocurriera para aplacarme a mí misma. Quizá, más de uno de los homenajes mortuorios, pensé, eran una campaña velada contra la impotencia y la rabia, y las palabras de las oraciones luctuosas se acumularon sobre los muertos para que éstos se alejaran tranquilamente y dejaran en paz a los sobrevivientes.

Regresé al departamento y me asomé al patio. La sombra del edificio transversal todavía no llegaba hasta el rincón verde, donde estaban sentados cinco hombres, rostros, calvas, cuellos, brazos bajo la luz cálida; a juzgar por las botellas vacías, bebían ya la segunda ronda de cerveza. La visita de la señora Schwarz no pudo haber durado mucho. Saqué medio cuerpo por la ventana. Saltar desde esta altura quizá no habría bastado para morir, pero sí para una historia sobre un enfermo, desconsoladora como la del joven que estuvo hospitalizado junto al señor Schwarz, debería recordársela a la señora Schwarz. Margarete había muerto rápidamente.

Asunto resuelto. Eso era ella ahora, le aclaró sin pestañear aquella mocosa de la oficina de la vivienda, una madre sola con su hijo no podía aspirar a más de dos habitaciones y media, y todo en ese tono: ¿Quién se cree usted que es? Estaba furiosa, había gritado Margarete, porque una vez más ella había mostrado comprensión, había estado conforme y ahora la borraban de la lista de los candidatos a una vivienda, definitivamente. Cómo iba a pasar los años hasta su retiro atada al mismo puesto, tal vez una nueva máquina de escribir, un colega nuevo, pintura nueva en la pared, pero todo lo demás repetición, no podía ni pensar en ello. Pero ya se le ocurriría algo en cuanto Norbert se valiera por sí mismo, algo totalmente descabellado, porque esto de aquí no era vida. Qué me parecía Jamaica, por ejemplo. Por qué no habría de marcharse para allá, después de todo estaba en el mismo planeta que nuestro mezquino país de tres letras. Yo la creía capaz de irse adonde decía, y cuando el mundo se nos abrió de repente, me sorprendió que Margarete todavía siguiera aquí y no se apresurara a emprender una nueva vida, para siempre.

Ahora su muerte la mantenía a una distancia cada vez más lejana. Ya me costaba trabajo imaginarla caminando por el patio con el espigado Norbert a su lado, entrando en la verdulería de Griebenow, atravesando la calle para llevar a la señora Schwarz hasta los bancos del parque o limpiando las ventanas a ritmo de *reggae* y saludándome con el sacudidor, su rostro un óvalo moreno en el que yo buscaba sus rasgos. Ahora había allí una boca abierta de par en par, como un cráter. En breves intervalos llegaban los arrebatos, imprecaciones horribles, gritos, puro pavor u odio hirviente, jamás pudimos distinguirlos bien, pero sí aprendimos a temer esa rabia que nos sacaba abruptamente del sueño, y oíamos luego el bullir del agua al derramarse, a cántaros; en tales noches ella tenía que hervir hasta el cansancio, la gritona del segundo patio, que desapareció por un tiempo bastante largo y luego regresó calladamente, discreta desde entonces como un volcán extinguido. No comprendía cómo era capaz de imaginarme que Margarete, de no haber saltado, hubiese desatado nuevamente esa locura ya casi olvidada, empleando la fuerza que yo le atribuía para sacarse poco a poco a gritos la vida del cuerpo, en lugar de continuarla valerosamente, quizás el año próximo con un poco más de suerte o mayor capacidad de adaptación, y así sucesivamente hasta edad avanzada, bastante satisfecha después de todo. Esa boca abierta en un rostro sin rasgos nada tenía que ver con la que antes solía hablarme. No provenía del recuerdo. Acaso de un anhelo. Y entonces deseé que la señora Schwarz regresara en los próximos días para decirme que había reflexionado y que, después de todo, sea lo fuere que hubiese podido suceder, había sido mejor así, tal y como ocurrió, y yo, de todo corazón, habría estado de acuerdo.

SEGUNDA PARTE
LLEGADA

NO CUALQUIER LUGAR

TERÉZIA MORA
Traducción de Olivia Reinshagen-Hernández

Así llegué

LOS LUGARES Y LAS PERSONAS me dan lo mismo, dije, cuando me fui de casa. Eso fue una mentira. Pero ésta es una historia verdadera.

El hombre era músico, búlgaro. Murió en un sillón. Ahora yo vivo en su departamento.

El departamento del búlgaro es oficialmente el departamento de un hombre llamado Neumann. Él alquila este único cuarto, esta cocina y esta antesala. Yo soy la subinquilina oficial de Neumann. Lo ayudo a bajar al sótano cinco de los seis sillones de chapa de madera que quedaron; en el séptimo murió el búlgaro. Tuve que tirarlo, dice Neumann. Ya no servía.

Neumann se va, y yo llevo al sótano las reproducciones de *La niña de los chocolates*, *Naturaleza muerta con galgos* y el cartel *Nueva York de noche* (lo hago después de que se ha ido, para no herir sus sentimientos). Los sillones (el chorizo de alfombra gris, la salpicadera del Dacia, las bocinas huecas) se me vienen encima. Empujo la puerta del cobertizo de madera. Todo se queda adentro. La niña de los chocolates se va hasta el fondo.

Si no hubiera siempre tanto que cargar, escucho una voz de niña. El de la voz parece oso de peluche, cabello rubio levantado sobre lóbulos rosados como si fueran alas. Está en el descanso frente al departamento de Neumann, cargando dos bolsas de plástico. En la izquierda, leña partida en trocitos; en la derecha, carbones que parecen panecillos. Si no hubiera siempre tanto que cargar. Toma aliento. Su perro también toma aliento y mueve la cola. Días, dice el que parece oso de peluche. Buen día, le digo y me escabullo, cabizbaja, detrás de la puerta que dice "Neumann".

En el único cuarto hace calor. Abro la ventana que da al patio interior, hacia el castaño en calma. Detrás de mí, detrás de la pared, en la escalera, pasos del oso de peluche con voz de niña y chaqueta de edredón color hielo. Acarrea carbón. Y eso que apenas es octubre, veranillo de san Martín. En el cuarto protegido del viento hace calor.

Los lugares y las personas me dan lo mismo, dije, cuando me fui de casa. Claro que fue una mentira. Tenía que ser precisamente esta ciudad. Mi partida coincidió con la partida de una época. La ciudad en la que está el departamento de Neumann pertenecía a dos países distintos hace tan sólo una semana. Uno de esos países estaba hermanado con el mío (así se decía entonces), por eso me permitieron venir como inmigrante hace diez días y por eso ahora estoy aquí. Fue a raíz de cierta persona, que también estuvo aquí hasta hace una semana, y eso no da lo mismo.

Esa persona hizo un agujero en la puerta de madera, justo ahí donde otros ya habían hecho uno y, por eso, esa parte era menos resistente que el resto de la puerta. Era sólo un agujero pequeño, porque esa persona (mi amado) no era un tipo violento. Metí mi brazo de niña por la hendidura que había hecho y abrí la puerta por dentro. Pudimos ver que la cerradura era nueva, igual que la delgada tabla que cubría el agujero anterior. En la ventana de la cocina había una cortina de baño recortada para dar la impresión de que el departamento estaba ocupado, y alguien había colgado una gorra en un clavo. La gorra se podía ver desde el patio. No logramos nada con nuestra violenta posesión del lugar, no conseguimos el departamento, pero tampoco recibimos ningún castigo; hace una semana algo así no importaba. Después desapareció mi amado y yo me topé con Neumann. Gracias a Neumann ahora puedo llegar a casa en esta ciudad.

¿Y en resumidas cuentas quién es usted?, me pregunta la mujer. Vieja, labios blancos, permanente en el cabello, chal tejido. ¿Por qué no tiene llave del portón? Le digo que porque no me la han dado. Entonces seguramente está usted aquí ilegalmente, dice ella. Me sigo de frente. ¡Sé quién es usted!, grita. ¡Es usted una ilegal! Oigo que cierra el portón con llave, haciendo gran estrépito. No importa, ya entré.

En el cuarto que está a la sombra del árbol, reviso las llaves que me dio Neumann. Son cuatro. La pequeña es para el buzón, la grande para el excusado. Aquí, dijo Neumann. Golpeó la pared del departamento vecino. La familia Marrana usa el mismo excusado. No deje la llave pegada, porque ya no se la regresan. Las otras dos, la triangular y la que parece lima de uñas, son para la puerta del departamento. No hay llave para el portón. El tablero para las llaves en la antesala de Neumann está vacío.

¿No hay llave para el portón?, grito por el teléfono público, el único de la calle donde las llamadas todavía cuestan veinte centavos. No, dice Neumann.

¿Quién es? Santa Clos. Tienen un lindo niño, cachetón, cabello ensortijado como de angelito. La familia Marrana. Mamá gorda, abuela gorda. Risitas tontas en el umbral de la puerta. ¿Quién es?, pregunta el niño. Santa Clos, murmura la abuela. Ríen. Días, digo yo. Cucú, dice el niño.

He decidido dedicarme al teatro. Hace tiempo que quiero hacerlo. Todos sabrán quién soy. La perseverante recién llegada. Constanze Neumann. He decidido usar ese nombre en todas partes donde no se necesite identificación. Con ese nombre le expliqué a la portera por qué es tan importante que yo pueda entrar al edificio a toda hora. Con ese nombre pedí permiso a la editorial para poderme dedicar al teatro. Con ese nombre me siento bajo un árbol y comienzo a dramatizar el cuento de un señor llamado Murphy. Sabe usted quién soy. No pongo mi nombre en el buzón. No es necesario; sería el mismo. Sí, somos parientes. Constanze Neumann, me pueden decir

Conny. Cucú, soy Angelo, dice el niño de cabellos seráficos. Qué locura.

Aunque me vea mayor por razones históricas, sólo tengo diecinueve años y todo esto no me pesa demasiado. Claro que la cosa está difícil. La ciudad, como ya he dicho, solía ser parte de dos países. Yo vine como inmigrante al país hermano que está hermanado con el otro, pero este otro no está hermanado con el mío. Sólo tengo una tarjeta de identidad para uno de esos países, una roja, y en esta ciudad, que de repente pertenece a un solo país y que por tanto ha vuelto a ser una sola ciudad, ahora sólo me puedo mover en una de las mitades (en la mitad cuasi roja), y eso sólo en secreto, porque en secreto sé que la portera tiene razón y que las antiguas tarjetas de identidad rojas ya no son válidas. Las azules sí, pero las rojas no. Bueno, nadie lo sabe con exactitud.

También Neumann admite que no está enterado del todo. No le gustan mucho los cuadros, ¿verdad?

El departamento ha quedado libre de todo residuo de descomposición, magnífico, comento rápidamente, gracias a las reservas permanentes de mano de obra y material. Magnífico, estoy a punto de decir una vez más, pero me callo para no lastimar a Neumann. Los marcos de las ventanas están pintados por dentro y por fuera. Lamentablemente, la cinta adhesiva se desprendió en algunas partes, por lo que hay franjas de pintura en el vidrio, a veces hasta de dos centímetros de ancho. Por favor quite la pintura después de que se instale.

Debió haberlo hecho con un hoja de afeitar, no con el cuchillo de cocina, dice Neumann durante su visita. Ahora la ventana tiene rayones. Lo siento, le digo. No le gustan mucho los cuadros, ¿verdad?, me dice después de recorrer el cuarto con la mirada. El cuarto ilegalmente subarrendado. Por suerte nadie entiende bien las cosas. Ni siquiera Neumann, como asegura con satisfacción. Pasa revista a la antesala. Conecta la aspiradora. La manga de su camisa se tiñe de negro. Usted aspiró aquí, me pregunta. No, le digo, mintiendo. Está descompuesta, dice y se embarra el hollín en la manga verde moco. Hasta las mejores cosas se descomponen algún día, le digo.

En el armario de luna de la cocina hay trapos para lustrar calzado, enjuague bucal, rasuradora eléctrica y té negro. Los objetos de un búlgaro muerto. Seis marcos al día para comida, ropa, artículos de tocador, educación. Un clavo del cien en el marco de la ventana. La bolsa con los huevos se me resbala, uno logra llegar entero hasta el concreto del patio, protegido por un queso de los más baratos. La única olla que me prestó Neumann está arruinada por hacer tortilla de huevo, rayada con tenedor. (¿Usted es de padres adinerados? ¿Por qué lo dice? Porque todo lo descompone.)

Entre tanto en la cuenta de mi amado convirtieron mi dinero y ahora vale la mitad, sólo que no sé dónde están ni la cuenta ni el amado. La mitad de nada. El té búlgaro es como arena, lo preparo al estilo turco. Me corto el cabello con la rasuradora de 6 mm, me enjuago la boca, abro bolsas y lustro mi calzado. Me han invitado a una fiesta porque soy extranjera.

La anfitriona se llama Ulrike. Juntas estudiamos teatro. Su departamento está ahí, donde se besan el este y el oeste. Eso dice ella. La ciudad que se ha convertido en una sola, alberga no sé cuántas nacionalidades. Veinticuatro de ellas están representadas aquí esta noche. Magnífico, digo yo. Mi boca y mis zapatos huelen a alcohol, mi ropa parece lechuga marchita. Llevo mi bandera nacional a la sala. Hay un bufet vegetariano. Una manzana para la manzana, dice Abdulbaki y me da una fruta color verde. ¿Así se dice en Irak? Bueno, mi padre seguro que daría siete camellos por ti, dice otro y sonríe socarronamente. Pero claro, deberías tener el cabello más largo. Regresa en dos años, le contesto. Creen que soy la anfitriona. No es tan malo, digo yo. Rompo un vaso. Costó seis marcos. Lo siento. Transparencias. Música de algún tipo. Mota.

Todos nos sentimos inseguros, le digo a Ulrike. Al despedirnos me abraza. En nuestra obra, dice ella, todos deberían hablar su idioma materno. Yo también la abrazo.

Vieja urraca malvada. Aunque la hora tan avanzada y el frío le dan la razón. En esta casa se puede meter un dedo entre el vidrio y el marco de la ventana, pero cuando pateo el portón ni siquiera hace ruido. ¡Ay ay ay!, ríe el señor que está detrás de mí y pasa de largo. Esta calle lleva el nombre de las castañas. Tomo unas cuantas y las arrojo contra la ventana oscura de la portera. El ruido del tranvía finalmente la despierta media hora después. Voy a llamar a la policía, grita desde arriba. ¿A qué viene ese tonito prusiano?, le contesto, gritando también. Adelante, le digo, baje a la caseta y así me abre de una vez. Ella llora, ¡qué criminal es usted! Cierra la ventana. Qué ciudad.

A una cuadra está un club que cierra cuando los primeros se van a trabajar.

Como ya dije, tengo diecinueve años y todo esto no me pesa tanto. Aunque ya no tendré diecinueve años por mucho tiempo; para ser exactos, hoy cumplo los veinte. Como galletas suaves y le hablo a mi madre para avisarle dónde estoy. Dios mío, la escucho decir, estás viva. Sí, le digo. Muchas gracias. Cómo están las cosas por allá, me pregunta. Bastante bien, le digo. Al menos no tengo problemas con el idioma. ¿Qué dices?, me grita mi madre al oído. Tengo que colgar, hay mucha gente esperando el teléfono. Amenazan con golpearme. Graniza. Alguien escribió con pintura negra en la caseta, *We're killing Schwarz-Schilling*.

Por qué tan triste, me pregunta el del puesto de frutas y me regala una naranja.

¿Quién es? La vecina. Silencio. ¡Hola! ¿Quién es? Todavía la vecina. No compramos nada. Angelo se ríe y repite: no compramos nada. Muy bien, digo. ¿Me podrían devolver mi llave del excusado? También hay un hombre que vive con la familia Marrana. De mi edad, pantalón negro para ir a correr, igual que yo. Aquí tiene, me dice. Cómo no se congela con el torso descubierto.

Mi saliva tibia sobre el papel higiénico. El asiento del excusado es negro con rayas blancas, duras como engrudo. La familia Marrana. Abro la ventana. Desde la entrada al sótano me pueden ver, sentada. Caray, caray, caray, dice la voz de niña, y se pone en camino con sus bolsas, jadeando.

Mi departamento es el único que tiene un radiador. Mañas de Neumann. Sin embargo, no puede con las horas de espera frente a la caseta telefónica (Busco al señor K. ¿A quién? Al señor K.) ni con el portón cerrado con llave. Lleno la lavadora con agua —tiene una fuga, pero por lo demás funciona—, me siento sobre la orilla con cuidado y me caliento los pies con la resistencia. El agua que salpicó las orillas de la lavadora me enfría el trasero, pero ya ni modo.

En otro departamento, quizá al lado, grita un hombre. Grita: No, mamá, no. Rítmicamente, como si lo golpearan, pero eso no se oye.

Dense usted una canastilla para sus compras. Literalmente. ¡Y en una universidad! La pequeña tienda de frutas y verduras, la única en una versta a la redonda, está en la planta baja, enfrente diagonalmente de la oficina para estudiantes. La cola gris se extiende perezosa a la sombra del muro color arena, sus cien cabezas leen incansablemente palabra por palabra, buscándole un sentido: Dense usted una canastilla para sus compras. Qué locura.

Como nuestros países alguna vez fueron hermanos, por lo pronto me dan una beca para mis estudios. No es seguro si podré seguir estudiando teatro aquí, pero mientras deciden, me dan dinero. Su permiso de residencia, por favor. Presento mi identificación roja. La empleada de la universidad me mira desconcertada.

Ésa ya no vale, me dice. ¿Está usted segura?, pregunto, mintiendo. Ella me mira, pero no está segura. Espere afuera, me dice.

De la I a la N. ¡Por favor, no toque a la puerta! ¿Quién sigue? También en la oficina de admisiones las paredes son color arena. Ahora están de moda los colores otoñales. A través de la puerta entreabierta me entregan la identificación roja. Ahora todo está bien. Doy las gracias y me voy. Ya en la calle me fijo en lo que está bien. Le estamparon un sello atravesado, "Cancelado".

Gritos, gemidos, empujones. Corren por las calles, gritan, gimen, empujan. Lárguese, qué hace usted aquí, oiga, pues yo qué sé. Gritan, lloran, golpean. En los pasillos, en los departamentos, en los excusados compartidos. Pero si yo tampoco tengo lo culpa, yo no puse las reglas, pero qué anda haciendo aquí, váyase al diablo. Chillidos, escándalo, postura de elefante. El trasero contra la pared, la trompa colgando.

Mierda, ¿sabe usted el frío que hace? Sus labios tiemblan. Temerosa, clava la vista en mi cabeza rapada, en las orejas rojas sobre el cuello de una chamarra de militar. ¡Qué se cree, dejarme en la calle en pleno día! ¿Sabe usted el frío que hace —repite ella gimiendo— ahí donde vivo, arriba del portón? ¡Qué me importa! —contesto a gritos—, ¿a poco cree que el frío entra por la calle? ¿Cuántas veces quiere que se lo explique? Oiga, joven, le tiemblan los labios. Ay, ya basta, le digo. Ella se hace para atrás, tambaleándose, como si la fuera a golpear. ¿Qué ha creído en realidad? Joven…

Conny Neumann. ¿Conny como de Conrado o Conny como de Constanze? ¿Cornelia? Ayúdeme, no se reconoce lo que es usted.

Ésa sería la solución. Una identificación falsa y de una vez cambiar también de género. ¿Por qué no aprovechar al máximo las ventajas? ¿Para qué ser tan modestos? El cobarde. El cobarde es modesto.

En algunos países, cadena perpetua equivale a un número, 25 o 30. En éste, cadena perpetua significa cadena perpetua. O te dan clemencia o no te la dan. No hay manera de saberlo. En algunos países, siete años de ilegal significa llegar a ser legal. En este país sigues siendo lo que eres. Por muchos años que viva yo aquí gracias a la clemencia de Neumann, la portera tiene razón. Yo sé quién es usted. Usted, el Nuevo.*

Caray, caray, caray, dice la voz de niña. Una persona tan tranquila, tan agradable. Abran paso, dicen los bomberos. El ala lateral del edificio forma un ángulo agudo con el edificio de atrás. El ataúd de lámina se atora. Caray, caray, caray. Desde hace dos meses sólo se oyen canciones de Navidad, de lo contrario nadie se hubiera dado cuenta. Una persona tan tranquila, tan agradable. Estoy parada en la ventana del excusado. Cucú, grita Angelo desde

* Juego de palabras intraducible. Se refiere a que Constanze utiliza el apellido "Neumann", literalmente "hombre nuevo".

la ventana de al lado. Sus bracitos dorados bendicen la caja gris que están bajando. Como las moscas, de veras, como las moscas, dice en el edificio lateral alguien a quien no puedo ver. Por fin podrán comunicar los dos edificios, dice alguien más. Caray, caray, caray.

Oiga usted, le grita la voz de niña al pelón que se ve en la ventana del excusado. No se le vaya a ocurrir utilizar el excusado. La tubería está congelada.

¿Usted lo conocía?, me pregunta la voz de niña más tarde, mientras descansa frente a mi puerta. Nunca lo vi, contesto. Un músico, dice la voz de niña. Yo lo oía cantar. Era búlgaro. Dimitroff o algo así. Qué tiene, me pregunta al ver mi cara. Orínese en una cubeta si no se puede aguantar.

No me siento. Aquí tiene, le digo, su colega me dijo que trajera mi pasaporte para el nuevo permiso de residencia. Pongo sobre la mesa mi posesión más preciada, a un lado la identificación roja cancelada. Tengo derechos de antigüedad. Espere afuera, dice la servidora pública.

Después de dos horas toco a la puerta donde no se permite tocar. Mi pasaporte, le digo a la servidora pública desconocida. ¿Es ése, con el permiso de residencia? Sí, le digo. No es en esta oficina, dice ella, tiene que ir a Migración. Su colega me dijo otra cosa. Espere. Espero otros cinco minutos, le digo. Como usted quiera, me dice.

Lo levanto para verlo a la luz del sol. La marca de agua plateada destella. Ilimitado. Vi(D)eo se llama la nueva tienda en la planta baja de mi edificio. Arriba del mostrador, en una repisa, hay cabezas de muñecas de hule con la boca abierta. Qué locura.

¡Oiga joven!, chilla el cuerpo cóncavo. Me quito la chamarra de militar, el suéter, la camiseta interior negra marchita y descubro mis senos. Soy mujer, le digo. Mis pezones se endurecen por el frío. ¿De acuerdo? Con un sonido de espanto cruza las manos delante del demacrado chal.

Neumann está en el departamento, separando el correo. Devolvieron las cartas dirigidas al señor K. La editorial S. me escribe amablemente que le recomiendan al Sr./Sra.Constanze Neumann que desista de la dramatización prevista. ¿Usa usted mi nombre?

Lo miro fijamente. Debajo de chamarra, suéter y camiseta, los pezones endurecidos comienzan a cubrirse de sudor. Detrás de Neumann y del correo está la niña de los chocolates, recargada contra la pared. La parte de abajo se llenó del moho del sótano. De reojo veo los labios de Neumann entre el pelo de la barba. Labios carnosos, hermosos. Se mueven. No voy a casarme con usted sólo para que pueda quedarse aquí, los oigo decir. No es necesario, le digo.

Quién es esa mujer, pía una voz abajo en el patio. Un pájaro friolento da pasitos de aquí para allá, levantando la cabecita nerviosa una y otra vez para mirar con angustia y de soslayo, por entre las desnudas ramas del castaño, hacia mi ventana. Neumann le habla en voz baja, tranquilizándola.

El departamento no tiene nada, dice la mujer de la oficina de la vivienda. No tiene regadera, nada. Mi primer excusado privado. No importa, le digo.

Ya tengo derecho por tiempo indefinido. Permiso de residencia y permiso de estudiante. Reservas doradas de mano de obra y materiales. Cargo una larga escalera, caminando por una calle que lleva el nombre de casas bellas.

CUANDO VIAJÉ A LA RDA EN EL VERANO DE 1990

WLADIMIR KAMINER
Traducción de Marlene Rall*

CUANDO VIAJÉ A LA RDA en el verano de 1990, obviamente no tenía planeado quedarme en Berlín.
Sólo quería conocer, lo más barata y rápidamente
posible, algo del mundo desconocido, para poder
conversar en Moscú con los compañeros que ya habían visitado el extranjero y sabían todo lo de la vida
allá. Mi amigo Misha le habló por teléfono a su tía,
que vivía en Berlín occidental desde 1979. Ella
estuvo dispuesta a alojarnos por unos días. El 5 de
julio salimos de viaje. Ya en el tren empezamos a
beber. Siempre había una razón importante para ello.
Primero cumplía años el vecino que venía con nosotros en el compartimiento. Invitó a la mitad del vagón. Durante la pachanga conoció a la mujer de su
vida (la del compartimiento de junto) y fue así como
la fiesta de cumpleaños derivó en la celebración del
compromiso matrimonial. Por eso tuvimos que cambiar de asientos con la mujer. Sin embargo, al día
siguiente el vecino ya estaba muy arrepentido de su

* Revisión de Alberto Vital.

decisión. Los dos se pelearon y ella se retiró a su compartimiento, de suerte que recuperamos nuestros asientos anteriores. Todo el asunto parecía una telenovela mexicana, y tuvimos que seguir bebiendo. Primero para felicitar al vecino, luego para consolarlo.

La noche del 7 de julio, aún sin recuperar la sobriedad, bajamos del tren en la estación Lichtenberg de Berlín oriental. De inmediato, la ciudad nos causó una impresión inolvidable. Por todas partes reinaba un ambiente peculiarmente festivo. Entre las vías y en los andenes había monedas tiradas; también los botes de basura estaban llenos de dinero. Por las calles pasaban borrachos cantando. Muchos vestían disfraces coloridos y nos saludaban con gestos amistosos. Los automovilistas pitaban cada vez que cruzábamos la calle y gritaban algo en alemán detrás de nosotros. Sorprendidos por este panorama de desbordante amabilidad, nos regalamos por lo pronto con una cerveza alemana en uno de los puestos de comida. El dueño no aceptó nuestro dinero.

Tomamos un autobús y viajamos en dirección a Berlín occidental, a fin de conocer, de una vez, las dos partes de la ciudad. Mientras más avanzábamos, menos podíamos entender el comportamiento de la gente que nos rodeaba. La hospitalidad de los berlineses occidentales superaba incluso la de los orientales y nos parecía tan exagerada que poco faltó para que nos sintiéramos paranoicos. Después de andar de acá para allá, aterrizamos en una cantina en el barrio de Wilmersdorf. El cantinero nos abordó en inglés. Era chaparro y gordo pero veloz como comadreja y estaba radiante de alegría, como si acabara de ganar un millón en la lotería. Casi no teníamos dinero y, por lo tanto, a su pregunta de qué queríamos tomar, contestamos cortésmente:

—No money, nothing.

—No importa, yo los invito, ¿de dónde vienen, amigos míos? —gritó en voz alta—. ¡Beban y coman tanto como quieran!

Su hospitalidad rayaba en la locura. Bebí un gin-tonic, Misha optó por un Campari-tonic. Estas dos bebidas aparecían a menudo en las películas de novelas escritas por autores extranjeros, y casi siempre las tomaban los héroes positivos, así que no podían estar mal. Nos echamos los tragos, cortésmente dimos las gracias y nos dispusimos a salir. Pero el cantinero no conocía límites y una y otra vez nos trajo más gin-tonics y Campari-orange, a veces también gin-orange y Campari-tonic, hasta que el líquido nos salía por las orejas. Todos los clientes de la cantina querían brindar con nosotros y a ratos bailaban sobre las mesas.

—Seguramente nos toman por otras personas —opinó Misha vacilante—, hay algo que no entona.

—No hay que ser siempre tan desconfiado —lo contradije—. Sencillamente es gente hospitalaria, algo extravagante tal vez, pero nada más.

Misha hizo otro intento de interpretación.

—¿Estarán celebrando acaso su día de la independencia o algo por el estilo?

—Pero un día así estarían cerradas todas las tiendas. Además, ¿cuál día de la independencia? ¿De quién habrían dependido si aquí todo es democracia? —le pregunté.

119

—Ni idea —opinó mi amigo—, pero los americanos también festejan su día de la independencia desde que corrieron a los indios. A lo mejor los alemanes se independizaron de los americanos —conjeturó Misha.

Después de un rato añadió:

—Si aquí la vida es tan alegre todos los días, mejor ya ni regreso a casa, pues aquí es el mero paraíso.

También quisimos manifestarle al cantinero nuestro agradecimiento y entusiasmo, pero debido a la embriaguez general y a nuestra falta de conocimientos del idioma nos fue muy difícil.

—Germany is very good —le dijimos.

—Sí —dijo él—, somos lo máximo, somos el número uno —y nos señaló, quién sabe por qué, el televisor instalado arriba de la barra.

En medio de la borrachera le hablamos por teléfono a la tía de Misha, donde queríamos pasar la noche. No tenía ganas de esperarnos.

—Mañana tengo que salir temprano al trabajo y ahorita mismo me voy a acostar. Les dejo la puerta abierta —dijo.

Su dirección la habíamos apuntado todavía en Moscú. El amable cantinero nos explicó el camino. A pesar de lo avanzado de la hora, los coches seguían pitando en las calles y a nuestro alrededor daban vueltas peligrosas alegres automovilistas borrachos. Por suerte no tuvimos que caminar mucho. La tía de Misha vivía prácticamente a la vuelta de la esquina, y la puerta en efecto estaba abierta.

—El espíritu humano de esta ciudad me tiene completamente fascinado —señaló Misha y fue al baño.

La tía había puesto a nuestra disposición una cama y una cobija. En el cuarto había un televisor. Estábamos como embriagados por los acontecimientos del día y no podíamos conciliar el sueño. Misha prendió el televisor. Una bella rubia sonreía prometedoramente mientras anunciaba el siguiente programa con tal amabilidad que hasta nosotros lo entendimos todo: Ahora sigue una película. Se llamaba *Cuando las góndolas se visten de luto*. En la pantalla, Donald Sutherland, armado de una navaja, perseguía a un enano misterioso por los canales de Venecia. Sin embargo, el enano no se dejaba capturar. Cada vez que Sutherland se le acercaba demasiado, se desvanecía en el aire. Tenía un sorprendente parecido con el dueño de la cantina de Wilmersdorf que acabábamos de conocer. Acto seguido, Misha desarrolló una nueva teoría paranoica: el cantinero era en realidad un actor. Por eso quería que nos fijáramos en el televisor. Cuando terminó la película, nos dormimos agotados. A la mañana siguiente, cuando salimos del departamento, no reconocimos la ciudad. Todos los automovilistas alegres y borrachos habían desaparecido de la faz de la tierra. Tampoco quedaba ni rastro de la hospitalidad del día anterior. Nadie quiso regalarnos nada. La gente en la calle nos miraba con desconfianza y todas las cantinas estaban cerradas. En la noche, cuanto la tía de Misha regresó del trabajo, le contamos el extraño comportamiento de los berlineses. Queríamos saber si el cambio tenía algo que ver con nosotros. La tía se rió de nosotros.

—Dios mío, qué mensos son —dijo—. Ayer la selección alemana de futbol le ganó a Argentina por 1 a 0. Maradona otra vez estaba drogado. Después de un partido más bien aburrido, Alemania se convirtió en campeón mundial, y por eso los berlineses estuvieron enloquecidos toda la noche. Nada emociona tanto a la gente de aquí como el futbol —explicó la tía. Grande fue nuestra desilusión, pero a pesar de ello nos quedamos en Berlín, porque así lo quería el destino.

La victoria de Alemania en el campeonato mundial de futbol de 1990 en Roma embriagó al pueblo recién reunificado. A partir de ese triunfo, el gobierno alemán introdujo muchas medidas improvisadas, con las cuales se pretendía simbolizar la apertura al mundo de la nueva Alemania. Una de ellas fue la repentina acogida de ciudadanos de nacionalidad judía provenientes de la Unión Soviética. De esta manera se creó el fundamento jurídico para nuestra existencia en Alemania, y decidimos quedarnos. Al principio, sin embargo, surgieron muchos problemas. El del alojamiento lo pudimos resolver relativamente rápido gracias a las casas vacías en la parte oriental de la ciudad. Después atacamos el problema de la chamba. Nuestro primer trabajo remunerado en Berlín consistió en repartir folletos publicitarios para la empresa Hofmann, cuya oficina se encontraba mero enfrente de la tienda Karstadt en la Hermannplatz. El señor Hofmann nos había abordado personalmente cuando estábamos sentados en la plaza bebiendo cerveza. Nos ofreció una paga adecuada por el trabajo, que no iba a ser muy cansado. Por 10 kilos de folletos repartidos, el señor Hofmann estaba dispuesto a pagarnos 50 marcos. Al día siguiente, a las 7 de la mañana, preparados para entrar en acción nos paramos en la escalera frente a su oficina, junto con otros compañeros de trabajo que, al igual que nosotros, habían llegado de lejos e intentaban una nueva vida en Berlín. Nuestro jefe apreciaba que sus colaboradores pensaran por su cuenta. Así que cada quien podía decidir libremente dónde quería repartir los folletos. Ya el primer día, escogí un lugar idóneo: repartí mis 10 kilos en partes iguales entre dos grandes botes de basura colocados junto a la Estación del Este, botes que los jóvenes incendiaban a cada rato. Si bien los folletos publicitarios apestaban horriblemente al incendiarse, el señor Hofmann no podía comprobarme nada después. Sólo una vez empecé a sudar, cuando una banda de chavos, a los que de hecho consideraba mis amigos, voltearon los botes de basura, de modo que miles de folletos revoloteaban en el aire alrededor de la Estación del Este. Mi responsable y tímido amigo Misha evitaba los espacios públicos, por lo que siempre repartía sus 10 kilos en casa. Primero debajo de la cama, luego en el pasillo y en la cocina, en el baño, en la sala y después sencillamente en todas partes, hasta que los folletos redujeron considerablemente la altura de los cuartos de su departamento. Le dije desde un principio que esa estrategia de trabajo lo iba a llevar a un callejón sin salida, pero no quiso escucharme. Después de un mes, la publicidad reclamaba su espacio vital completo: ya no hubo lugar para Misha. No se sentía capaz de seguir peleando con los folletos y ya no quiso seguir trabajando para el señor Hofmann. Por solidaridad yo también renuncié. Aun así, aproximadamente 300 kilos de material publicitario se quedaron en casa de Misha como recuerdo de nuestro primer trabajo en Alemania, hasta que se mudó, lo que sucedió apenas dos años más tarde.

Después de que ambos renunciamos a nuestra chamba como repartidores de folletos de la empresa Hofmann, quisimos emprender, en el futuro, una actividad más seria. Para ello compramos regularmente el periódico *Segunda Mano*, hasta que se nos acabó el dinero. Durante dos semanas la pasamos muy.mal, sólo comíamos papas fritas. Nuestros conocimientos del idioma aún no eran suficientes para solicitar un buen trabajo. La lengua alemana, que al principio nos pareció tan fácil y transparente, se reveló como misteriosa y aciaga. A estas alturas ya conocíamos una buena cantidad de palabras y expresiones, también la gramática alemana nos era vagamente familiar y entendíamos, casi sin esfuerzo, todo lo que pasaba por televisión. Incluso en la calle y en las tiendas hablábamos un alemán irreprochable. Sólo había un detalle: los nativos no nos querían entender, boicoteaban nuestros conocimientos lingüísticos. Hasta con las expresiones más fáciles actuaban como si escucharan por primera vez el idioma de su patria. Así, por ejemplo, por culpa de la expresión "jugo de tomate" fracasó el intento de Misha de comprar en la tiendecita de abarrotes de al lado.

—Jugodetomate —le dijo Misha al vendedor.

—¿Cómo dijo? —respondió éste.

—Jugodetomate, jugodetomate, lo puedes leer en los labios: ¡jugodetomate! —se excitó Misha.

—Lo siento, pero no le entiendo —dijo el vendedor, moviendo la cabeza con fatalismo. Misha temblaba de rabia. Todo el santo día se quedó ensayando frente al espejo las palabras "jugodetomate". Luego regresó a la tienda y lo intentó de nuevo. El vendedor ya no estaba; detrás de la caja estaba ahora una amable rubia fumando un cigarrillo largo y delgado.

—Jugodetomate, por favor —le dijo Misha y se puso colorado como un jitomate.

—¿Qué tipo de camote? —le preguntó la rubia.

A mí me pasó una desgracia parecida en la misma tienda con la expresión "Malboro Lait". Más tarde calificamos el comportamiento de esos vendedores nativos como claro sabotaje y a la tienda como criminal y enemiga de los extranjeros. El asunto del jugo de tomate dejó en mi amigo Misha consecuencias psíquicas graves, las cuales sigue padeciendo hasta hoy. Desde entonces ya no puede tomar esa bebida y nunca pronuncia las palabras "jugodetomate" en público, a pesar de que luego escribió su tesis de grado para la carrera de Multimedia en alemán y, por lo demás, se siente en esta lengua como en su casa.

En esa época, nuestro vecino turco nos ayudó a encontrar chamba en una empresa seria. Era una imprenta grande: en tres pisos trabajaban aproximadamente cien turcos y unas docenas de alemanes. Solicitamos una plaza en el departamento de envíos y nos contrataron como empacadores. Esta vez fue un verdadero trabajo, con una tarjeta perforada que había que meter en el reloj marcador al principio y al final de la jornada laboral. Ganábamos 150 marcos diarios, que nos pagaban en efectivo. A cambio de ello, el viejo maestro no nos quitaba los ojos de encima ni dos minutos. Se suponía que nos tenía que ayudar a integrarnos en el nuevo mundo laboral. El trabajo en el departamento de envíos no era especialmente complicado. Nos sentábamos en el sótano; cada cinco minutos nos arrojaban los productos de la fábrica. Desde arriba llegaban a nuestras mesas libros, carteles, algunos bosquejos y mapas en grandes cantidades. Teníamos que empacarlos. Por lo pronto, el trabajo parecía bastante divertido. Y constantemente nos estábamos riendo por uno u otro producto. Una vez, por ejemplo, Misha y yo teníamos que poner en cartón unos calendarios femeninos de dos metros: fotos de hermosas mujeres gigantescas.

—¿Quién necesita tremendos calendarios de mujeres? —le preguntamos al viejo maestro. No quiso decirnos la verdad.

—Tremendos masturbadores —contestó lacónico y aparentemente el asunto no le hizo mucha gracia. Tampoco a nuestros numerosos colegas turcos, que trabajaban a una velocidad increíble. La chamba me gustaba de veras. No entiendo hasta hoy por qué nos corrieron al segundo día. Sin embargo, una vez que uno se mete en la vida laboral, siempre vuelve a encontrar una nueva chamba. Lo más importante del asunto son las relaciones personales. Teníamos menos de una semana sin trabajo, cuando nos vino a ver un hombre de negocios que necesitaba ayuda. Era un paisano, un oficial soviético que había desertado de su unidad en la región de Magdeburg y había solicitado asilo en Berlín. En cierto sentido, era un oficial especial. En Rusia se dice que ese tipo de hombres nacen ya con camisa de seda, los muy suertudos. Muchos oficiales soviéticos solicitaron asilo en Alemania, mientras todavía estaban de servicio. Pero no todos lograron abandonar su tropa a tiempo. Probablemente la oficina de asilo colaboraba con algún dirigente soviético, porque no estaba interesada en tantos ex oficiales. El alto mando del ejército envió a la mayoría de regreso a casa, incluso antes de que venciera su contrato. No tuvieron ninguna oportunidad de defenderse. Nuestro nuevo patrón también recibió de pronto la orden de volver de regreso a Moscú.

—No hay problema —dijo—. Mis cinco maletas ya están hechas.

Acompañado por otros dos oficiales fue al aeropuerto. Allí les pidió que vigilaran un ratito las valiosas maletas y fue al baño. Se deslizó por la ventana, tomó un taxi y viajó a Berlín. Sus acompañantes no pudieron creer por mucho tiempo que un oficial soviético abandonara cinco maletas con todas sus pertenencia y que se esfumara así nomás. Pero en las maletas sólo había trapos y arena. En Berlín le dieron asilo al oficial en calidad de perseguido y, mientras tanto, él ya había empezado a abrir su propio negocio. Con su minibús viajaba por los bosques de Sachsen-Anhalt de un cuartel soviético al siguiente y les vendía a sus antiguos colegas videos porno por un precio bastante módico: 10 marcos por pieza. Puesto que él mismo había sido oficial y conocía como nadie los deseos y preferencias de sus antiguos camaradas, se hizo rico en muy poco tiempo. O sea, el negocio iba muy bien. Sólo una cosa lo atormentaba: que durante sus giras de venta le robaran tanto. Nos ofreció 200 marcos por cada día de trabajo. A cambio, no teníamos que hacer nada, sólo pararnos a su lado y vigilar. Sin embargo, a pesar de la buena paga, renunciamos al segundo día de trabajo. Nos daban lástima los soldados del Ejército Rojo; esta venta de pornos frente a sus cuarteles era la única diversión que tenían. Muchos nos preguntaban cómo se vivía en Berlín. Y si no sabíamos por casualidad qué línea de autobuses iba a Berlín. No lo sabíamos y nos hubiera gustado regalarles los pornos: tan miserable se veía su existencia detrás de las alambradas de púas de los cuarteles. Sin ponernos de acuerdo, renunciamos los dos al mismo tiempo.

Una semana después, encontramos en la calle a nuestro viejo conocido Dimitri, que había trabajado junto con nosotros en la empresa Hofmann como repartidor de folletos. Al principio, casi ni lo reconocimos. Llevaba un overol blanco con capucha; en una mano traía un gran ramo de flores y en la otra una botella de cerveza. Dimitri se veía como un paracaidista que acabara de lograr el salto de su vida.

—¿Te vas a casar? —le preguntamos cuando lo saludamos.

—No —comentó. Tenía una nueva chamba fabulosa. Desde hacía una semana trabajaba como vendedor del nuevo periódico *Berliner Kurier* y el overol de paracaidista era su traje de faena. A todos los que entraban al servicio de voceadores del *Berliner Kurier* les daban uno igual.

Ustedes también pueden entrarle si quieren —afirmó nuestro amigo.

—Contratan a cualquier menso. Además están haciendo una campaña comercial: a cada comprador del periódico le regalan una rosa. Pero yo no —contó Dimitri—. Yo sólo regalo mis rosas a las mejores novias, aunque no quieran ningún periódico. A las 5 de la mañana tienen que estar en el centro de convenciones de la plaza Alex, ése es siempre el punto de encuentro de los vendedores de periódicos.

No teníamos muchas ganas de chambear, pero el traje nos impactó grandemente. Al final sí fuimos a la plaza Alex a la mañana siguiente. La contratación se hizo sin ningún problema, los patrones ni siquiera querían ver los pasaportes. Cada quien tenía que anotarse con su nombre en una lista. Luego recibí el deseado overol blanco con el logo de la empresa, además de veinte rosas rojas y una pila del *Berliner Kurier*. Asimismo se le asignó a cada quien su lugar

129

de venta con la siguiente instrucción: teníamos que vocear la primera plana a todo volumen. Como en las películas viejas, donde los jóvenes voceadores corren por las calles gritando "El *Bild* dominical, el *Bild* dominical, últimas noticias..." Algo parecido tenían en mente nuestros patrones. El pago estuvo en regla: los 35 marcos convenidos se pagaban de inmediato y además cada vendedor recibiría 15 pfennig por cada ejemplar vendido. En realidad, podríamos haber regresado a casa, regalarle las rosas a nuestras madres o amadas y tirar los periódicos a la basura. Pero en aquel entonces aún éramos jóvenes y anhelábamos aventuras. Así que nos separamos. Yo me fui al culo del mundo, a la plaza Sofía Carlota, a vender allí mi pila de *Berliner Kurier*. El día anterior había sucedido el famoso golpe de Estado en Moscú, y la joven democracia rusa estaba en peligro. En la primera plana del *Berliner Kurier* —como en todos los demás periódicos— decía: "Tanques blindados en la Plaza Roja". Llegué a la plaza Sofía Carlota a las 6 de la mañana. Allí no pasaba absolutamente nada. Ni un alma en los alrededores. Tuve una salida a escena bastante impactante. Al amanecer, en el centro de Charlottenburg, un joven en overol de paracaidista vocea a gritos con acento ruso: "Tanques blindados en la Plaza Roja, tanques blindados en la Plaza Roja..." Unos peatones solitarios dieron un salto al verme. Sólo una vez se me acercó un tipo y me preguntó si todo estaba en orden.

—Todo *paletti*, todo *ok* —dije—, sólo que estos tanques blindados... están en la Plaza Roja.

En tres horas había vendido cinco periódicos. Los demás los dejé allí tirados y regresé a casa. Las rosas me las llevé y se las regalé en la noche a mi madre. El overol blanco se me quedó como recuerdo de la intentona de Moscú; lo guardé en el guardarropa de mi casa. En las múltiples mudanzas y obras de restauración, lo usé como traje de faena, hasta que un día se disolvió bajo la influencia de un pegamento de tapices superfuerte.

Ya habíamos disfrutado lo suficiente del mundo laboral. Para variar, queríamos convertirnos en estudiantes, en estas circunstancias hasta podíamos aprender algo. Fuimos a la Universidad von Humboldt. Me inscribí en la carrera de Letras Eslavas y Norteamericanas; mi amigo Misha, en la de Multimedia. Siempre me había fascinado la palabra "Maestro". Me imaginaba cómo le iba a mandar una postal a mi tía en Moscú, firmada modestamente como "Maestro Kaminer". Misha estaba muy picado con la idea de utilizar la técnica multimedia para manipular la opinión de la sociedad. A pesar de que ninguno de los dos llegó a ser lo que había anhelado, no nos arrepentimos nunca de la decisión de ir a la Uni.

Lo mejor de la vida estudiantil es la eternidad que tienes ante ti. Sentado en la biblioteca, estudiando pausadamente... Durante la primera semana de ingreso, los estudiantes avanzados nos llevaban por los edificios de la Uni y nos contaban lo confusa y complicada que iba a volverse nuestra carrera. Había cantidades de cursos y seminarios que no era imprescindible tomar, pero también cantidades de papeles, créditos y exámenes que no obteníamos sin esos seminarios. Por suerte, la carrera era una cuestión voluntaria. Muchos de nuestros compañeros iban todos los días a la bolsa de trabajo estudiantil TYLEHT: "Telefonea y los estudiantes hacen todo". A casi todos los enviaban a la mueblería *Domäne*, donde tenían que cortar alfombra hasta el cansancio. Pasábamos mucho tiempo en la biblioteca de la Uni y leíamos tremendos mamotretos. Después de cuatro semestres, llegué a la conclusión de que probablemente nunca en la vida sería un "Maestro Kaminer". Hasta entonces no me había presentado a ningún examen y sentía un verdadero odio por las Letras Eslavas... y todavía más por las Norteamericanas. Misha había conocido en la biblioteca a una jovencita multimedia de Dortmund y poco después se fue vivir con ella a una casa de estudiantes a orillas del lago Wannsee. Mientras más leía, más claro se hacía mi deseo de escribir por cuenta propia. Los aproximadamente 12 semestres que aún se encontraban entre mi persona y mi tesis de maestría me parecían infranqueables, así que me di de baja en la Uni. En casa empecé entonces a escribir un libro por mí mismo.

© 2001 by Wladimir Kaminer.

AHORA SÓLO NOS QUEDA
LA MÚSICA*

JOCHEN SCHMIDT
Traducción de Liane Reinshagen Joho

YA DESDE FINES DE LOS OCHENTA había soñado con estar sobre el escenario y ser integrante de un grupo en lugar de apretujarme entre sus espectadores frente a la entrada del lugar. En aquel entonces cualquiera podía formar un grupo, solamente se necesitaba un nombre de lo más absurdo posible, una guitarra y por lo menos un integrante más, si no, no sería un grupo, sería tan sólo un cantautor. Si sólo se juntaban dos, uno era la cabeza del grupo y el otro la atracción, como en el caso de Wham! o Yazoo. No era difícil encontrar gente que quisiera participar en un grupo, el problema eran las guitarras. Por regla general uno no tenía guitarra y, de tenerla, no era eléctrica, sino hueca por dentro. Si a uno se le caía algo adentro, era difícil volverlo a sacar, y cuanto peor se tocara la guitarra, peor sonaba. Con las guitarras eléctricas era justo lo contrario.

Después de la unificación monetaria, muchas cosas se volvieron más caras, pero las mermeladas y las

* Tomado de la novela *Müller haut uns raus* (Müller nos saca del apuro, Munich, 2002).

guitarras eléctricas no sólo se hicieron más baratas, sino que incluso mejoraron. Los que habían acaparado en los últimos momentos mermelada y guitarras eléctricas hicieron coraje. Yo, por suerte, había dudado lo suficiente, más que nada porque no me había animado a tocar una guitarra para probarla en A&V Música. Los vendedores eran blueseros arrogantes que se sabían todos los trucos, y yo a duras penas podía rasgar *Greensleeves*. Pero cuando por fin me decidí y le entré al asunto comprándome una guitarra eléctrica usada, me convertí de inmediato en guitarrista de dos grupos. Ralf y Dean se habían comprometido para una tocada, pero no tenían amplificador, Olaf y Jens también se habían comprometido para una tocada, pero ni siquiera sabían que se necesitaba un amplificador. En uno de los grupos se trataba de hacer ruido, en el otro, arte, por eso se llamaban "Alboroto Bolschoi" y "Turismo sexual desde la perspectiva de las mujeres tailandesas".

Acababa de hacerme un sándwich de ensalada de pollo y me senté para leer tranquilo los avisos clasificados que salen en el semanario gratuito. Tal vez ya había una caseta para la regadera, una chamba en la que se pudiera leer tranquilo, o un automóvil bajo el rubro "se regala". En eso sonó el timbre, Ralf y Dean estaban en la puerta:

—Vinimos por el amplificador —dijo Ralf.

—¿El mío?

—Y tú tocas la guitarra, porque el amplificador es tuyo.

—Pero si no sé tocar nada.

—Al fin que nos vamos a presentar hasta dentro de dos semanas.

Cuando empujamos el amplificador en una vieja carreola por la Schönhauser, nos embargó una sensación muy solemne, porque era increíble en qué circunstancias tan adversas se fundaba en estos momentos este grupo, y seguramente lo íbamos a recordar a menudo.

Ensayábamos donde Ralf, que vivía en un cuarto que servía de acceso a todos los demás cuartos en un departamento gigante de cinco piezas, en la planta baja de una casa tomada. En su cuarto estaba sólo la batería, todo lo demás estaba regado alrededor y ya no funcionaba. Una gigantesca mezcladora rusa de fabricación casera, que consumía casi tanta energía como el radiador robado del tranvía, los efectos especiales rusos para las guitarras, dos zapatos tennis izquierdos, cubetas de pintura seca, envases de leche, espejos opacos, panes con mermelada, todo estaba descompuesto o enmohecido. Hasta en la cubierta del ejemplar de *Humillados y ofendidos* de Dostoievski estaba la huella de un pie. Como cada sábado los fachos tiraban piedras contra la ventana después del futbol, las persianas se quedaban cerradas todo el día. Si uno las abría, leía en la pared de la casa de enfrente "Ahora sólo nos queda la música".

No les resultó tan fácil como habían pensado enseñarme los acordes, eran demasiadas canciones con acordes demasiado parecidos. Me salieron ampollas y me empezó a dar miedo la actuación. Mientras ensayábamos, algunos de los residentes estaban echados sobre la cama en la que estaban nuestras cosas. Cuando más tarde me puse mi chamarra, habían desaparecido mi dinero y mi identificación. Siempre había pensado que sólo gente buena tomaba las casas, por eso quedé muy decepcionado. ¿Por qué no podía ser todo el mundo como la hermanita de uno de los residentes, que a menudo venía a escucharnos porque se aburría en Glienicke en casa de sus papás? Para el invierno, a veces nos traía en su mochila tres pedazos de carbón que se había volado del sótano de su casa.

Otros días, sentadas en la cama, había chavas gruesas de Marzahn que contaban de experimentos herejes que se hacían con gatos en los cementerios. O un hombre de edad avanzada que por gorro usaba un calcetín viejo y a veces se ponía a gritar de repente. Me sentía muy avergonzado delante de todos ellos, porque no me sabía ni un único solo de guitarra. Siempre me confundía y tampoco me podía orientar por las letras de las canciones, porque siempre entendía apenas un par de frases: "¡Límpiate la sangre de la cara, no le creas al miedo! ¡Préndele fuego a la casa que te encarcela y no te creas todo lo que te cuentan!" En aquel entonces todavía usaba camisa debajo del suéter, como lo había hecho durante toda mi vida. De haber tenido camisas tipo polo, tampoco me hubiera espantado. Claro que no combinaban en absoluto con canciones que se titulaban *El gris*, *El final* y *No pasarán*. Pero cuando uno estaba sentado detrás de las persianas cerradas y observaba en la esquina el montón que se había juntado de las piedras que habían aventado para adentro, resultaba muy apropiado cantar: "enemigos por doquier te están persiguiendo, enemigos por doquier, eres un rifle". Para relajarnos tocábamos *Sólo soñado* de Nena. No nos quedó de otra más que chiflar el solo de guitarra, porque obviamente tampoco me lo sabía.

Durante ese tiempo instalaron afuera, enfrente de las tiendas, pequeñas pirámides de cristal de Camel, los anuncios publicitarios le tapaban a uno la vista, por todos lados no había más que café Tschibo, la salchicha de curry costaba el doble y sabía menos sabrosa, mi adorado empedrado de granito lo cambiaron por piedras lisas, los tranvías amarillos de madera iban desapareciendo poco a poco. Al principio alguien aún se tomaba la molestia de darle cristalazos a algunas de las pirámides de Camel, o de lanzar pintura contra los tableros publicitarios. También destruyeron una y otra vez la rueda giratoria de neón que estaba arriba del negocio de bicicletas, porque, viéndolo bien parecía una esvástica. Pero esas sólo fueron acciones aisladas. A gran escala, no había manera de detener el cauce de las cosas. De eso nos dimos cuenta cuando desalojaron las casas tomadas de la calle Mainzer. Nos indignaba que llegaran con sus policías y destruyeran nuestros sueños. Hicimos manifestaciones en contra de esto en la Frankfurter Allee. A derecha e izquierda de la calle había retratos gigantescos de políticos, al parecer estaban en plena campaña electoral. Alguien se subió a una de esas mamparas publicitarias y logró derribarla y prenderle fuego. Nos llenó de satisfacción, pero el esfuerzo fue tal, que no cabía pensar en derribar todas las 50 mamparas publicitarias, sobre todo porque los vecinos de ahí no salían a ayudar. La policía detuvo la marcha a la altura de la Frankfurter Tor, no pudimos llegar hasta la calle Mainzer. Un grupito del Foro Nuevo, que de hecho todavía existía, vagaba confundido entre los frentes con su consigna de "No violencia". Cuando la policía empezó a venírsenos encima, nos entró miedo y nos largamos. Corrimos por las calles aledañas, algunos chavos construían barricadas con carretas de construcción, aunque ni siquiera los estaban persiguiendo. Luego rompieron los vidrios de la oficina de distrito. En los tiempos que siguieron, por toda la ciudad aparecían cubiertos los letreros de las calles; los activistas les habían pegado encima "calle Mainzer". Yo no entendía cómo no se levantaba toda la ciudad en contra de un gobierno tan tonto e inepto, contra el cual no se podía hacer nada, porque en algunos distritos de Occidente tenían la mayoría absoluta desde tiempos inmemoriales.

A veces, cuando llegaba a casa de Ralf, él estaba tratando de sacar algo nuevo en la guitarra. Entonces no me oía tocar a la puerta y tenía que abrirla con mi ganzúa, que normalmente usaba para abrir el excusado exterior de mi casa. Ralf batallaba durante media hora muy concentrado con algunos acordes, para luego darse cuenta, muy decepcionado, de que tan sólo había vuelto a componer un clásico de los Ramones, que obviamente ya existía.

En otras ocasiones, lo encontraba a las dos de la tarde todavía acostado en un colchón entre la maraña de cobijas, quejándose de que necesitaba con urgencia y de inmediato una Coca-Cola, porque si no, se moriría. Entonces tenía yo que ir a comprarle una Coca, aunque su ingreso por asistencia social era el doble de lo que yo recibía por mi beca. Pero él estaba en contra del concepto de propiedad. A cada rato tenía nuevos compañeros de casa, con los que primero se llevaba muy bien, para después de dos semanas ya no dirigirles la palabra. En general, la razón era que ellos no compartían sus ideales de vida. Pero tampoco era fácil satisfacerlos. En una ocasión, Ralf agarró pintura blanca que había estado en el pasillo, para pintar las paredes marchitas de su cuarto. Su compañero de casa le quitó la pintura; argumentando que era suya, que todavía la necesitaba por si algún día tenía su propio departamento. A raíz de eso, Ralf no le volvió a hablar hasta que se mudó.

Alguien había escrito con grandes letras los ideales de la casa en la pared del corredor. Trataban de una nueva forma de convivencia. Pero en las asambleas de la casa se discutía amargamente. Los residentes se sentaban en los andamios del patio de la casa y parecían odiarse. Alguien se había robado madera de un taller de muebles de la calle. La cantina ya no quería entregar sus ganancias a la caja chica de la casa. Dos hermanos que ya no se soportaban exigían una votación: él o yo. Pero cuando se trató de ver si se aceptaba la oferta del gobierno para negociar —aunque obviamente la intención era dividir las casas— tuvo que deshacerse el pleno.

No entiendo cómo Ralf soportaba estar aquí. En el baño no había luz, pero cuando afuera había mucha, se podía ver que habían echado esmalte negro dentro del excusado para no tener que volverlo a limpiar. Siempre terminaba uno pisando un charco al entrar en ese cuarto.

Había un ir y venir permanente en la casa, nadie sabía realmente quién vivía ahí y quién nada más espiaba para los fachos de la calle Weitling. Mudamos nuestros ensayos al sótano. Pero a pesar de que la puerta era blindada, lograron forzar el pasador empotrado y sacar la puerta de sus bisagras. Ahora, cada vez que llegábamos, sentados sobre las bocinas, había residentes de la casa pasados de marihuana que rasgaban mi guitarra con una moneda y golpeaban la batería con las patas rotas de una silla.

Después de cada canción, Ralf apretaba nervioso los tornillos de su Snare-Drum y reacomodaba el pedal. Sus palos siempre estaban tan golpeados que se astillaban y quebraban, aunque usaba los más gruesos. Era una constante competencia con el material. Cada par de semanas se esfumaba a casa de su madre en Marzahn y se desintoxicaba.

El gran concierto tuvo lugar en Friedrichshain. El escenario estaba a todo lo ancho de la calle. Habían entendido mal el nombre de nuestro grupo por teléfono, por eso nos anunciaron como "Algo roto voló", decidimos espontáneamente quedarnos con ese nombre. Le subimos tanto a todos los controles y el volumen era tan alto, que un solo acorde me habría bastado. Después tratamos de robarle un cable al grupo Ska que nos seguía. Habría sido nuestro primer cable sin falso contacto.

Hubo un segundo concierto en el sótano de la casa de Ralf. Esta vez hasta con una atracción central, los Analistas del Análisis de Berlín Occidental. Habían intentado durante toda la tarde que el sonido en el sótano les resultara soportable. El baterista estaba irritado al máximo, exigía un radiador para su pie. No lo entendía, ¿cómo se puede ser tan esnob? ¿Y eso era un grupo punk? Además, ¿por qué tanto relajo con lo del sonido? Cuando fue nuestro turno, les tuvimos que prometer que no íbamos a tocar nada y, entonces, sin que se dieran cuenta, le subimos a todos los controles. Alguien, que ni siquiera vivía aquí, pidió en la puerta de la casa tres marcos por la entrada y luego desapareció. A mí se me cayó el plectro, a Ralf sus palos, entre los punks de la primera fila algunos mecían el torso. No había contado con eso, todo seguía pareciéndome una equivocación.

En la noche, después de la actuación, no pude conciliar el sueño. Me remordía la conciencia por Tine, en quien de veras quería pensar, por los temas serios que había querido componer y por mi familia, que seguía pensando que los nazis y las casas tomadas eran más o menos lo mismo. Además, para mis clases tenía que resolver tareas absurdas, con las que no me ponía al corriente. Debíamos comprobar que en un juego que se llama "damas chinas de los gansos" siempre ganaba el que empezaba. La siguiente semana debíamos demostrar que también ganaba si el tablero contaba con n número de espacios de juego. El ayudante encargado de los ejercicios estaba obsesionado con ese juego. Cuando el maestro, en una de sus comprobaciones, simplemente introducía una variable en un punto conflictivo y luego volteaba para sonreírle al auditorio, donde la mayoría hacía mucho que había perdido el hilo, el ayudante reclamaba que la comprobación no era válida en general. Para el año próximo escribió voluntariamente un ejercicio para comprobar bien otra vez la comprobación. ¿De dónde sacaba la certeza de que la materia se volvería a dar el año siguiente?

Salí un par de veces de noche con Ralf y los otros. Bastaba con salir a dar una vuelta para encontrarse con alguien y unírsele. Una vez me encontré con Ralf en la calle; él ya me había visto y se acercó tan sigilosamente como un piel roja con un envase de leche. Se había teñido el cabello de rojo. Conversamos enfrente de una farmacia, hasta que la empleada de la farmacia nos pidió que nos fuéramos de ahí, por que si no la clientela no se animaría a entrar en el local. Decidimos de repente ir en la noche a un concierto; en el camino se nos unió un punk, porque era noche de hombres y había muchos nazis sueltos. Uno de ellos le había tirado una manzana y le había gritado "¡Alemania!" Nosotros le lanzamos la manzana a un abuelo que sólo tenía tres dientes y no quiso atraparla. Rumbo al concierto nos encontramos con Dean, que quería comer algo antes. En la cantina, cada uno de nosotros se encontró con otro conocido. La mesera nos vio feo y no nos atendió. A los Flemáticos les pagaron 1 400 marcos por su concierto y nosotros le explicamos a la gerente del local que estaríamos dispuestos a hacer un *performance* con papel aluminio, sangre artificial y desfile de antorchas por sólo 500 marcos. No parecía muy desinteresada. Luego nos sentamos en el piso junto a un *pinball* y nos pusimos a deliberar quien estaría ganando, si el rubio o el moreno. Ralf opinó que la mayoría de la gente vivía como si el mundo fuera un pinball, cuando en realidad sólo existían tres: él, Dean y un robot variable. Hoy había estado con ellos uno que se llamaba Elke. De fondo se oía la música de Tom Waits, según supe por ellos. Luego estuvimos parados en la puerta y se nos ocurrió pedir que nos pagaran entrada. Algunos hasta nos pagaron. Ralf tocaba la lampara cada cinco minutos y decía "teatro". A uno que estaba a punto de irse le explicó que debía meterse al agua, pero no a nadar, sino a hacer olas, hacia abajo, eso era mejor que pensar de frente. En Wedding se había encontrado a alguien que le había dicho a Ralf que tenía que voltear los espejos y que él mismo, el otro, se quedaría sentado pintando cruces hasta que se lo llevaran. Luego estuvimos en la calle y Ralf quería ratearse un Trabi Kübel, pero no logró echarlo a andar. Detrás de nosotros de inmediato se subieron a él dos borrachos. Ralf a cada rato gritaba desesperado "¡Necesito uno de cien!" Luego rodamos por el suelo como si nos dispararan y pudimos escapar sin que nos reconocieran. Un Trabi que se dirigía a algún café nos dio aventón. Le fuimos enseñando el camino, hasta que estuvo por nuestros rumbos. Luego nos bajamos y Ralf quería ir a tomar té con una tal Claudia que era lesbiana. Pero donde Claudia había un tipo parado en la puerta, así que nos fuimos. En la calle, Ralf trató de convencer a Dean de romper una máquina expendedora de dulces, porque él sabía karate. Pero Dean no se dejó convencer y Ralf se desesperó, porque de repente quería a fuerza una de las pelotitas de goma de colores que estaban entre los dulces. Al final fijamos un lugar de reunión, pero no para reunirnos, sino para separarnos, y Ralf me gritó desde el otro lado de la acera "¡cuidado con esa esquina, ahí está la pulmonía!"

Entre noches así y ensayos con Alboroto Bolschoi, mis clases de lógica y mis intentos de escribirle a Tine una carta especialmente bonita, ensayaba con Jens y Olaf en el grupo Turismo sexual desde la perspectiva de las mujeres tailandesas. Ya conocía a Jens desde hacía tiempo, vivía en casa de Olaf. La primera vez que lo vi traía puestos una camiseta y un pantalón deportivo gris muy holgado con manchas de pintura. Parecía cómodo y al mismo tiempo tenía aspecto de ocupado. Era la vestimenta perfecta para un artista, cuya alma de por sí lo incomoda, le pica y le aprieta, de modo que así también tenía que batallar con su cuerpo. Después de su baja del ejército, Jens se había gastado en poquísimo tiempo todo su salario ahorrado, 5 000 marcos, en comida y alcohol. Cuando ya no tenía dinero, se volaba los panes que entonces todavía dejaban de noche frente a los mercados. Quería estudiar en la escuela de artes plásticas y convenció de ello a su mamá con un "autorretrato masturbándose". Pasó a un departamento tomado todas sus pertenencias: un colchón y muchos casetes. Con los 100 marcos que le dieron de bienvenida se compró discos, pero no de esos que cualquiera se habría comprado, sino de aquellos en cuyo lado B se podía oír ruido de murciélagos que habían grabado durante media hora. Todo eso me parecía extremadamente romántico y digno de imitar.

Se ponía una máscara de papel que él mismo había hecho y, en otoño, se subía a las chimeneas y dejaba que Olaf le sacara fotos. A Olaf también lo acababan de dar de baja del ejército. Y los dos estaban decididos a poner el mundo de cabeza. Querían ser famosos, no importaba cómo. Planearon un *performance* en el que se sentarían en la Schönhauser Allee con una mesa de *camping* y huevos duros para desayunar en público. Que algún día se iría a poder desayunar en serio en la Schönhauser era aún inimaginable en 1990 y por ello era tema para el arte. En realidad, todo se trataba de arte. Pegaban pósters de partidos ficticios en las paredes; todo mundo estaba acostumbrado a fijarse en lo que estaba pegado en las paredes, porque pegar en las paredes estaba prohibido. Ahora se sentían contentos si alguno de sus pósters permanecía colgado durante una semana o si de repente aparecía algún otro pegado al lado. Quizá lo vio algún otro artista y se dejó inspirar por él. Una vez toqué el timbre en casa de

Olaf y me abrió casi desnudo. Había agarrado de la calle un montón de pósters de la primera campaña electoral de la CDU y, cuando Jens pasó por casualidad, Olaf se desnudó espontáneamente y se dejó fotografiar vestido tan sólo con pósters de "libertad en vez de socialismo". Pero luego le pareció demasiado "posteroso" el acto. Era la palabra con la que estigmatizaba intentos artísticos que le parecían sospechosos.

En la casa no se hacía precisamente de amigos cuando decoraba el pasillo con sus obras. Un día se paró enfrente de su puerta el albañil que vivía arriba de él. Llevaba en la mano un póster que decía: "Anarquistas ambiciosos alteran animales añosos" y le dijo: "¡Este tipo de cochinadas no las vamos a permitir aquí!" Jens no se había imaginado así la Prenzlauer Berg.

Pero no era tan fácil encontrar departamentos sin albañiles que vivieran arriba. Las señoras gordas del KWV aún lo controlaban todo. Si uno no tenía un hijo que llevar a la consulta, tenía mala pata. Una noche me encontré a Jens en la Schönhauser. Estaba completamente borracho y contaba eufórico que en una cantina alguien le había ofrecido un departamento arriba del Café Nord. ¡Por fin un contrato de alquiler! ¡Un departamento arriba del famoso Café Nord! Y también le habían ofrecido un estéreo, que incluso ya estaba en el departamento. ¡Qué suerte! De regreso gritó a todo lo que daba: "¡Cerdo!" y se refería al albañil que vivía arriba. Tuve que contenerlo, si no, le hubiera tocado el timbre. Desde abajo se veía que, en el techo de su cocina, el albañil había colgado una bandera de la RDA con el emblema recortado.

Jens se recuperaba de tanta realidad con sus proyectos. Para una exhibición de trabajo de la academia de artes plásticas quiso que lo enterraran hasta la cabeza junto con un compañero. Las frecuencias cardiacas de ambos iban a aparecer en una pantalla y los visitantes los iban a poder regar a los dos con agua, mientras ambos conversaban sobre formas alternativas de arquitectura. Pero la mayoría de estos proyectos se frustraba, porque había que ponerlos en práctica de alguna manera. A cambio de eso logró un proyecto totalmente espontáneo que ni siquiera había planeado: su vecina quedó embarazada de él. Él no quiso tener nada que ver con eso y huyó a la casa de su novia que no sospechaba nada. En aquel entonces yo calculaba que pronto iban a explotar las rentas y que subirían a niveles neoyorquinos y, precavido, me busqué el departamento más barato que pude encontrar y que esperaba poder seguir pagando un par de años más. Y resultó ser el de Jens.

WEDDING

Traducción de Lucía Luna Elek

ES VERDAD QUE DÍA CON DÍA un par de kilómetros cuadrados de Berlín Oriental se ven cada vez más como los del antiguo lado Occidental, mientras que otros tantos distritos occidentales se parecen más al que antes era el lado oriental. Sin embargo, sólo en las primeras tres potenciales barriadas de esta ciudad, Neukölln, Moabit y sobre todo Wedding, antiguamente teñida de rojo, pero hoy —pese a su mosaico humano multicolor— cubierta de un azul intenso y alcoholizado, existen todavía las *Pressluftschuppen*, esas tabernas berlinesas que no cierran nunca, a ninguna hora ni en ninguna temporada del año, alumbradas de manera mortecina pero invitadora, horrorosa pero acogedoramente amuebladas con un espantoso olor a encierro húmedo y a las que por esos rumbos siguen llamando así, a pesar de que, salvo quizás uno que otro sobreviviente de la generación de la guerra, nadie sabe qué quiere decir *Pressluftschuppen*.

Probablemente se requieran estímulos poderosos para querer entrar en un lugar así; quizá sólo tener el sentimiento de una profunda soledad —o penas de amor o aburrimiento, o por lo menos sed, pero no el suficiente dinero para tomar un taxi hasta Mitte; o mejor, toda esa mezcla bastante explosiva.

Tres de estos lugares de mala muerte (si conoces tres, los conoces todos) se encuentran directamente en la Leopoldplatz, detrás de la iglesia de Nazaret, entre el Sarajevo, el puesto de asistencia para mujeres y niños Wildwasser, un café bereber y un indescifrable establecimiento con el nombre de Anadolu Külübü; se llaman Bei Mario, Max y Zwitscherklause. En su inventario se cuentan sendas mesas de billar, discos de tiro al blanco y algunos juegos automáticos. A dos cincuenta el vaso hay bebidas como el "Descalabro", "Cocos para pobres", "Sumidero" y, naturalmente, la clásica mezcla de refresco de Cola con brandy, llamada "Futschi". Las cervezas se piden como "Angelito" o "Schulti", porque la máxima expresión de actitud amistosa a la que se llega aquí se limita a un marcado apego al uso del diminutivo. Así como yo, ahora, me limito al Mario.

Entro en él como a las dos de la madrugada. Hace un calor pegajoso y no está lleno. Del miniequipo de sonido que hay sobre el mostrador brota una voz que canta "la despedida es una filosa espada…" En una mesa, junto a la barra, están dos hombres jóvenes con las cabezas afeitadas al rape. Uno de ellos se quita la camisa color caqui y la coloca hecha bola junto a su vaso medio vacío de cerveza oscura. Si no fuera porque ambos muchachos se encuentran sentados uno frente al otro y, por lo tanto, de vez en cuando se dicen en voz alta alguna palabra, se podría confundir a estos dos rusos con alemanes o cualesquiera otros cabezas rapadas. A la derecha, junto a la puerta, un hombre gordo de cara enrojecida, inexperto, nervioso y borracho arroja dardos hacia el tiro al blanco desde una corta distancia. Del lado izquierdo de la puerta, tres hombres, dos de los cuales tienen un fuerte acento y el otro habla un dialecto, están entretenidos en un juego de azar. Junto a los pies del berlinés, enfundados en unos tenis sin agujetas, y cuyas piernas están enredadas en las patas de la silla, descansa una gata negra. Yo miro hacia fuera por la abertura de la puerta. Una marta corre por la avenida. La gata, que seguramente ha visto la marta, salta de su lugar. En eso, un afilado dardo pasa zumbando a un lado del blanco, pero le atina a la minina negra. Con el dardo clavado en el lomo se abalanza a la calle detrás de la marta; el berlinés detrás de su gata. La marta se mete debajo de un automóvil estacionado y lo mismo la gata. Los compañeros de juego del berlinés le preguntan al borracho si lo hizo a propósito. Él sacude la cabeza pero, por si las dudas, pide otras cuatro Pils. "Bueno, ella sabe donde estoy", grita el berlinés, que por fin regresa a la taberna, y suponemos que se refiere a su gata. Toma una de las cervezas recién servidas de la bandeja, que ahora se encuentra en medio de la mesa, y estira de nuevo la mano hacia la caja de cerillos.

Un hombre delgado, de piel aceitunada, entra en la taberna y mete la mano en un saco de plástico. "Cajetillas de cigarros, encendedores, Umpra", murmura. Me interesa eso de Umpra, porque no tengo la menor idea de lo que es. Busco mis anteojos y me los pongo, pero, para entonces, el Umpra, junto con todos los demás triques, ya volvió a desaparecer en el saco... y el vendedor por la puerta. Un hombre y una mujer, ambos de edad avanzada, se sientan en un rincón bajo la ventana. Un hombre, que se encuentra en la barra y que hasta ese momento había estado manipulando en silencio un reloj desarmado, saluda a la pareja en turco. A los dos hombres les sirven cerveza, y a la mujer, un café acompañado de un licor de cereza. El siguiente que nos visita trae una gran bolsa de papel. "¿Quieren salami húngaro? A diez todo el salchichón." "¿Robado?", pregunta uno de los turcos. "No, *connection*", contesta el hombre y, como nadie quiere comprar, sale de nuevo. En el transcurso del tiempo le siguen otros cuatro tipos con las habituales rosas, otro con angulas ahumadas y uno más con chaquetas de cuero. Hacia las tres aparece una dama de cabello blanco, sobria, acompañada de un chico de máximo doce años, también sobrio. Ordenan refresco de Cola y juegan algunas rondas de billar, en las que se muestran muy experimentados. Una guapa mujer de rizos negros se acerca con pasos largos y elásticos hacia donde estoy sentado en la barra, me pide que me recorra y luego que le dé fuego.

Me ofrece un cigarrillo, mira con ojos cansados hacia el vacío, me muestra sus muñecas y dice: "Mi amiga se volvió loca; se cortó por todas partes. Las cosas están llenas de sangre. El médico estuvo ahí; ahora duerme". El relojero también duerme, con la cabeza apoyada en los brazos y el desarmador de filigrana fuertemente apretado en el puño derecho. La abuela y el niño han desaparecido. "Sin pagar sus refrescos de Cola", dice la encargada del bar, una joven polaca rubia, que sólo bebe jugo de tomate. Detrás de ella, entre las botellas, está colgado un rótulo pintado a mano que dice: "Si los ojetes pudieran volar, nuestro local sería un aeropuerto internacional".

© 2002 by Katja Lange-Müller.

MERCADO

Katja Lange-Müller
Traducción de Lucía Luna Elek

¡Ay, sí! Hacía demasiado calor para esa época del año. El sol, no tan *querido*, como no sólo lo saben unos cuantos millones de australianos, brillaba esa tarde del segundo viernes del todavía inocente año 2000 sobre el tulipán holandés "María", que resplandecía, en toda clase de tonos chillantes, desde una treintena de cubetas de plástico, a la entrada del mercado, en la Müllerstrasse, Berlín-Wedding.

Las mujeres rondaban en círculos cada vez más cerrados alrededor de los puestos de verduras, especialmente de los tres atendidos por turcos, ya que para el lunes la mercancía estaría totalmente echada a perder y, por lo tanto, los precios ya rebajados de la alicaída espinaca, la marchita coliflor y los arrugados pepinos tendrían que bajar todavía más. "Los *exóticos* ya tampoco se venden", dijo la vendedora detrás del mostrador de "Obst-Oase"; sacó de un cestito una fruta puntiaguda con textura como de piel de armadillo, probablemente originaria de Sudamérica, y se la regaló al hijo de una mujer asiática que, sin decir palabra, asintió con la cabeza, porque estaba ocupada contando sobre una charola las monedas para pagar una libra de manzanas.

Alrededor de la mesa en forma de tonel de los parroquianos, junto a las ofertas especiales del puesto de pescado y de una galería de muy distintas montañas de ensaladas con mayonesa, cuyos extremos y crestas a esa hora ya mostraban un considerable oscurecimiento, se encontraban parados, silenciosos, tres tipos de edad avanzada, que respetaban sus cervezas, pero esporádicamente tomaban grandes tragos de la botella de aguardiente que habían introducido clandestinamente.

Muy pronto, el sol que se ponía filtró también su luz en la semioscuridad fantasmagórica de la nave del mercado Müller; los tres tipos parpadearon frente a ella, como erizos que hubieran apenas salido de su mullido lecho de hojas, despertados demasiado pronto de su sueño invernal. En ese momento apareció —negra, como cortada con el filo de una navaja sobre el resplandor del rectángulo de la entrada— la silueta de una figura femenina, alta, espigada, que se movía con increíble donaire. Cuando la mujer se hubo acercado, tuvo la luz del sol a sus espaldas y, de frente, cayó sobre ella la débil luz artificial de los pocos focos atornillados al techo de la nave, sin embargo, su rostro y sus manos seguían negros; pero el níveo resplandor iris de sus ojos y el vivo colorido del estampado floreado de su traje y de su turbante en forma de cucurucho invertido la hacían ver todavía más alta. Desde el piso hasta la punta de su tocado, artísticamente enredado, esta preciosa joven

154

centroafricana (que lo era me permitió suponerlo principalmente su traje) medía casi dos metros y medio.

Con toda calma, sin que sus ojos fulgurantes se fijaran en otra cosa, la mujer pasó al lado de los tres sorprendidos tipos y se dirigió al puesto de pescado. "Ésta, por favor", le dijo al hombre, también bastante alto, que ahí despachaba, señalando con el índice estirado de su delgada mano la más grande y gorda de las cuatro carpas lisas que daban vueltas en el agua turbia de una tinaja tan perezosamente como si sólo pudieran mantenerse a flote narcotizadas. Si estas feísimas y desmadejadas bestias no habían logrado ser vendidas desde el 31-12-1999 o si sobraron de aquella última noche de san Silvestre, sólo lo sabía el comerciante, que atrapó la carpa solicitada sin ningún esfuerzo, la arrojó sobre la mesa de madera y la ejecutó con un solo golpe de mazo. Luego la pesó y finalmente la envolvió, no sin cierta piedad, en dos hojas dobles del *Berliner Zeitung* que, sin embargo, no lograban ocultar del todo el drama terminal de una existencia "útil" ni tampoco a la propia moribunda. "Cuatro kilos con doscientos gramos. Son treinta y tres con catorce centavos", dijo el comerciante. La bella pagó, dejó el cambio sobre el mostrador, apretó fuertemente la carpa bajo su brazo derecho, se dio la vuelta hacia la salida y salió caminando muy erguida.

Los tres viejos, que se habían olvidado de beber, pero que no apartaron ni un momento su vista de la alta, elegante y bellísima centroafricana, mantenían fuertemente apretadas las latas de cerveza en sus manos. Y sus miradas seguían pegadas como ventosas a la espalda de la mujer, que se alejaba lentamente y volvía a convertirse en silueta contra la luz del sol que todavía entraba en la nave del mercado. Por intermitentes fragmentos de segundo, cada vez más espaciados, como haciendo todavía una pequeña señal a los tipos, sólo la desnuda y cada vez más lacia cola de la carpa brilló todavía por un rato, cada vez que, en determinada posición, reflejaba la luz del techo.

El ritmo de la cola de la carpa se transmitió hasta la mano izquierda de uno de los viejos, que hasta entonces había colgado inmóvil sobre la orilla de la mesa. En sincronía con la aleta, la mano se movía suavemente para aquí y para allá, como si fuera un saludo. De pronto, el tipo al que pertenecía la mano abrió la boca y gritó: "¡Y salúdeme a Oslo!" La silueta de la mujer, ahora otra vez profundamente negra y extrañamente encogida, abandonaba precisamente en ese instante el rectángulo, todavía claramente iluminado, de la entrada del mercado de la Müllerstrasse.

QUESO COTTAGE

Tim Staffel
Traducción de Daniela Wolf W. y César Jiménez

Juego de básquet en la calle. Jugamos tres contra tres. Corro hacia la canasta, hago una finta, pero Moritz me bloquea de todos modos. El bloqueador chingón. Las chocamos y me sonríe con su sonrisa mamona. Philipp viene y quiere hablar con Moritz, pero él todavía está ocupado conmigo. Checo si Philipp tiene cicatrices nuevas. Tyree quiere la pelota e intenta otra vez una de sus pendejadas ridículas. No lo soporto; el dios negro con el hombro roto. Me voy y Philipp puede hablar por fin con Moritz. Yo espero a Oktai, que no se deja ver desde hace dos semanas y, cuando por fin aparece, simplemente pregunta:

—¿Qué transa, güey?

—Todo bien. ¿Qué transa contigo?

—Estoy hasta mi madre, güey.

Hace dos años, yo hubiera jurado que Oktai no se metía esa mierda. Me da sus sabanitas y presupone que yo traigo el resto, y obviamente tengo ganas de echarme un toque con Oktai. Aunque después no meta ninguna bola, me vale madres. Ellos ya lo saben; yo me puedo dar el lujo. Oktai se mete el gallo

157

al revés en la boca y, como siempre, temo por su lengua. Hacemos casita con las manos, su boca de un lado, la mía del otro, él le sopla, yo le jalo.

—Cabrón, ¡eres un gallina!

—¿Un gallina?

—¡Un gallina!

Soy un gallina, a eso ya me acostumbré. Moritz me cuenta que ahora Tyree vive con él porque no puede regresar a su departamento. Su permiso de residencia está vencido. No tengo ni puta idea de que tiene que ver eso con el departamento.

A Tyree le gusta sacar fotos, OK, y le gustan los niños. Y la chavita que vive arriba de él, pues tiene 11 años más o menos, y él a veces la cuida, y el otro día le sacó fotos. Y la chavita ahora anda contando que Tyree le sacó fotos y que se había desvestido porque Tyree así lo quiso.

Digo que son chingaderas, porque no tengo ganas de contradecir.

—¿Y ahora?

—Ahora la mandan al psiquiatra porque su mamá tampoco le cree. La chavita está clavada con Tyree, por eso cuenta esas pendejadas, pero Tyree ahora necesita una chamba o se tiene que casar por el permiso de residencia. Pero su jefa se la hace cansada por lo de la chavita.

Ni idea de cómo le hace Oktai para seguir metiendo el balón de gancho. Moritz está esperando algo y no capto que me está esperando a mí, a que yo haga algo.

—Bueno, ¿qué transa?, ¿tienes chamba?

Tengo una chamba, pero no para Tyree. Para mí que Tyree ya valió. Philipp se quita la playera y me quedo viendo su cicatriz de 15 cm, a la derecha del ombligo.

—Entonces ¿qué hay?

—¿Qué hay de qué?

—De lo de Tyree.

—La chavita tiene que ir al psicólogo.

—Sí, eso ya lo dije.

Trato de verlo a los ojos, pero se le barre.

—Está bien si vive un rato contigo, ¿no?

—Claro, güey, pero necesita la chamba.

—¿Sabe sacar fotos?

—¡Pendejo!

—Pues déjame ver.

Las chocamos, el bloqueador chingón, y yo empiezo a contar otra vez las cicatrices de Philipp, mientras Oktai hace una maroma en el aire y mete el balón en la canasta.

Nos vamos a casa de Moritz porque su mamá siempre hace de cenar a esta hora. Ella tiene la piel del color del pelo oxigenado. Le da una fumada a su cigarrillo y sólo tiene ojos para Moritz. Por eso vine con ellos. Tyree, Philipp y Oktai se dejan atender de volada y yo pregunto si me puedo dar un regaderazo antes. Me estoy enjabonando cuando un pendejo abre la puerta de golpe y de un tirón la cortina. Miro fijamente la jeta del tira que me pone el plomo entre ceja, oreja y madre, pero se le resbala por el jabón. Él todavía cree que soy el bueno, me agarra de la muñeca, que es tan delgada que se queda colgado. Tyree está parado en la puerta y dice:

—*You've got the wrong man, sir!*

El tira agarra una toalla y trata de que yo suelte la sopa. No hay chance. No soy yo. La mamá se queda tranquila y le explica que no tiene ni idea de dónde está Moritz. No la armo de tos y el otro tira capta por fin que la cagaron.

Philipp saca a Moritz del cajón que estaba debajo de la cama y es obvio que a su jefa le gustaría ahora estar a solas con él, que lo quiere proteger ampliamente.

Oktai arma unos toques de reserva. Hace dos años todavía se veía chavo. Yo estoy sentado junto a Philipp que cuenta algo de parchar. Moritz se venda la rodilla. El doctor le prohibió el básquet porque se desgarró un músculo y yo le digo:

—Hazle caso, si no, vas a jugar básquet en silla de ruedas.

—Dime que deje de parchar, y dejo de parchar. Dime que deje de jugar básquet y te vas a la verga.

—Como veas —pienso yo.

Nos vamos. La jefa ya está contando las horas. Va a ser un viajezote, eso está claro, y no tengo ni idea si la voy a levantar. Tyree me cuenta algo de un chavo negro de Sudáfrica que rescataron de un *ghetto* y lo mandaron a Alemania, donde tampoco es feliz y junta lana para regresarse. No entiendo inglés y no sé cómo termina la historia. Me acuerdo de que Philipp tiene un asunto y le pregunto ¿qué hay?, pero él dice que a mi qué y lo dejo en paz.

Tomamos el metro. El sudor me escurre de las cejas a la playera y Oktai me explica que el turco es fácil, pero que no me lo quiere enseñar. El poli no se fija en la cara de narco de Tyree y su perro tampoco está entrenado para notarlo. Babea a través de su bozal y yo me imagino cómo me lo puedo chingar con un patadón en el hocico. Afuera hace más calor que en el tren, sólo que aquí los "guardian angels"* catean unos a otros en busca de drogas y armas. Ética profesional. Philipp se chinga la gorra roja de uno de ellos y juega *frisbee* con Oktai. El tipo grita, pero los guardianes tienen otros problemas, ya que le encontraron un fierro a uno de sus ángeles. Según yo, le pertenece a Philipp, prendo un cigarro y pongo cara de asesino en serie. Ésa siempre protege. Nos vamos en dirección al Dog-Food, pero el antro está hasta su madre de lleno y hay muy poco oxígeno. Me voy por un par de chelas y una Coca-Cola para Moritz.

—Pon un cacho de carne en Coca-Cola y a la mañana siguiente ya no hay nada.

—Ya sé, pero ya no chupo, gracias.

Los chavos empiezan a desnudar a las chavas con la mirada. El cabecilla Tyree lanza sus redes. Los primeros pendejos caen y conectan la nieve azucarada en un callejón, mientras yo echo ojo.

—OK, Tyree. Yo echo ojo; soy tu ángel y te cuido. Extiendo mis alas y atraigo a los perros. Tú ya valis-

---

* *Guardian angels*: servicio de seguridad voluntario de Berlín. Sus integrantes no pueden portar armas y se identifican por sus gorras rojas.

te madres hace rato, Tyree, yo soy tu ángel. No tengo chamba para ti, te mando de regreso a tu chante de a gratis, y de esa historia puedes hacer por fin tu película.

Le hago la señal a Tyree y el güey al que le vimos la cara se larga. Tyree y yo las chocamos. No entiendo inglés. Capta la acción y cierra el hocico. Oktai y Moritz le perrean a dos chavas que no están interesadas. Philipp está esperando a su nueva vieja. Apuesto a que no viene. De lado puedo ver a través de su playera de los Lakers y pienso que una pequeña cicatriz más, arriba de su pezón izquierdo, no estaría mal. A lo mejor tomo prestada su navaja y yo mismo se la hago un día de estos. Moritz me presenta a Maik y le pregunto si se le olvidó cambiarse de nombre después de hacerse la jarocha. Moritz se ríe, pero la tal Maik me tira un chingadazo. Yo paro el golpe y le digo que me dé chance. Moritz me jala a un lado y quiere saber cuál es mi tipo. Hay que tener cuidado. Moritz es mi apoyo en esta banda. Hace dos años pensé que sería Oktai.

—¿Qué onda contigo?

—No me late.

—Eres puto ¿o qué?

—A huevo.

El puño de Moritz sobre el mío y su sonrisa. Estoy mamón esta noche. A Philipp se le olvida que tiene un asunto con una vieja, me trae una chela y quiere entrarle. Oktai ya está junto al DJ y lo chorea. Necesito un rato para acostumbrarme a la luz setentera y me dejo llevar por la música de Tupac bajo la esfera de espejitos, chance porque no entiendo inglés. En la barra de atrás está parado Eric. No se nota que me pongo rojo. Si viene a ligar aquí, se equivocó de antro. A lo mejor se quiere morir, el güey. Mientras tanto, mis chompas se reunieron a la orilla de la pista de baile y le enseñan a todo el mundo que somos una banda. Le digo algo a una tal Esther, para darme un poco de espacio. Me pregunta si vengo a menudo.

—Según.

—Nunca te había visto por aquí.

—Soy invisible.

—¿Pero se te puede tocar?

—Según.

—Eres bastante complicado, ¿verdad?

—No. Pensé que me podrías gustar.

—Y, ¿te gusto?

—No sé.

—¿Estás ciego?

—Pues a lo mejor. Perdí a mi perro.

—Voy por algo de tomar.

—Seguro.

—¿Vas a estar aquí cuando regrese?

—A ver. Quién quita.

Me sonríe y hasta se ve menos pendeja de lo que pensaba. Moritz las choca con Philipp y los dos me enseñan sus pulgares. Oktai baila su baile *drive-by-shooting* para Notorius B.I.G. Hace dos años pensó que tal vez debería volverse abogado. Un brazo me agarra de la cintura desde atrás y yo espero el aroma de Esther, pero cuando volteó hacia ella, veo a Eric y, frente a su sonrisa, sencillamente Esther no tiene ningún chance. Digo:

—Qué onda.

Traigo mi mirada de asesino en serie y lo quiero mandar a volar, pero Eric responde:

—Qué buena onda verte, cabrón.

—No mames, si tú ni me hablas.

—Cuando te llevo tus bebidas a la mesa, pero aquí es distinto.

—Creo que te perdiste.

—Pues no creo.

—No estoy solo aquí.

—Ya sé. Vámonos afuera.

—No captas, güey.

Su pinche brazo sigue sobre mi espalda. Moritz se acerca a decirme no sé qué madres. Como estoy loco, le presento a Eric. Esther se mete entre nosotros con dos caballitos con vodka y limón. Mientras, Philipp se puso hasta su madre con la coca de los amigos de Tyree y camina con la mano en el cierre del pantalón, la luz estroboscópica sobre sus Calvin. El hip-hop, la neta, no me aliviana y siento que se me puede ir la hebra en los próximos minutos. No sé qué mano me está agarrando las nalgas en este momento, cómo fue que Moritz metió su lengua en la oreja de una belleza negra, qué es lo que quiere el pelón de Tyree, por qué Oktai y Philipp están a sus espaldas. Me desafano al baño porque tengo que ver cómo me pelo. Eric me pesca y me pregunta si me quiero echar un viaje con él. Me enseña sus tachas y no puedo decir que no. Como media hora basta para ponernos chidos, pero sencillamene no puedo estar meando durante media hora. Tyree, Oktai y Philipp están tramando algo y Moritz saca por fin su lengua de la oreja de la negra y me explica que es Vanessa, de Detroit. Yo no hablo inglés, sólo le digo:

—*Hi*, Vanessa.

Esther me da un tallón con sus tetas y Eric se ríe, con la reserva necesaria de agua bajo el brazo. Tyree nos dice que es hora de partir. Afuera no hace aire. Esther y Vanessa quieren saber qué vamos a hacer ahora y las manos me empiezan poco a poco a cosquillear. Nos movemos y nos mezclamos con la gente en la calle. Eric no se me despega, pero ahora atiende a Esther. Moritz no le quita las manos a Vanessa. Ella no la hace de tos, pero no le afloja ni madres, a pesar de que él le suelta el choro de que es el más chingón en el básquet. Yo crezco hasta el cielo, mido como tres metros. Ahora puedo poner mi brazo sobre el hombro de Philipp y a pesar de que sólo alcanzo la cicatriz de la vacuna de la viruela, le llego mucho más hondo. Él quiere saber qué pasa, yo nada más le sonrío y le cuento algo de Esther.

—No te claves con una vieja, güey. Hay muchas. Pasan a cada rato; nada más hay que ponerse al tiro. Yo sé que tú me tiras de a loco, pero no hay pedo. Para ti, digo yo. Confía en mí, y te digo que no sé qué transa con la vieja anterior, pero Esther es un forrazo, bueno, no tanto. Es una princesa y tú eres el príncipe, ¿ves? Y la neta, yo no soy ningún príncipe, soy más bien el chalán del príncipe o algo así, o sea que yo no soy el bueno, porque el príncipe eres tú. Esther, la princesita, quiere por supuesto al príncipe, y el único príncipe aquí eres tú, me cae, güey.

—¿Qué pasa contigo, güey?

—Pienso que te voy a enseñar a Esther.

—Cógete tú a esa perrita, güey. A mí ni me va ni me viene.

Sigo sonriendo y me quedo apendejado con el rojo de la Sparkasse. Mi banco se llama ahora Sparkasse y, la neta, que está por todos lados. Eric me da la botella de agua, y está igual de bueno que Philipp, en realidad está más bueno, así junto a mí, y mientras sigo sin abrazarlo, veo a Oktai con Esther. Los dos se están riendo y él tiene la mano en su pelo. Hace dos años, él era el príncipe.

—¿Cómo le hizo? —pregunta Eric. Yo tengo cinco años y descubro el mundo. Antes de que pueda señalarlo, Eric ve lo mismo. Chocamos las manos, y se quedan entrelazadas. Estamos en la retaguardia y me vale si alguno de esos güeyes se voltea.

Tyree lleva su nave hacia la estación espacial Mc Donald's. Yo me quedo con Eric sentado frente al acuario sobre la acera.

—Son cagados los güeyes con los que andas, Lars.

—¿Cagados? ¿Por qué?

—Creo que esto es un milagro y ellos no lo saben. No saben ni madres.

—¡Que tú estés aquí es un milagro!

—Hubiera sido desde cuando.

—Olvídalo. Tú estás en otro planeta para el que no consigo boleto.

Se voltea hacia los anuncios resplandecientes y dice:

—¡Sí! Konica.

—¡Togal!

—Fuji.

—Allianz

—No lo creo.

—Me imagino las luces en Las Vegas.

—Debe ser insoportable.

—Tampoco mames, güey.

—Sería absolutamente chingón.

—¡Sí!

—¡Vamos!

—¡Vamos!

Esther se sienta junto a mí y creo que está guacareando en la coladera, pero sólo me toca con su muslo y a mí me vale, porque me voy a lanzar con Eric a Las Vegas. Ella cuenta que se metió en el baño con un papelito de coca de Tyree, pero que no sabía bien cómo hacerle.

—Estaba tan sacada de onda, ¡mierda!, que se me olvidó todo lo que me había dicho Oktai sobre el popote y todo y que pego la nariz así nomás en el papelito y que le jalo con ganas. Como dos veces, pero todavía quedaba algo en el papel y pienso que hice todo mal, que me salgo y le digo a Oktai que no me lo pude acabar todo y él viene a ver y se caga de risa. Se caga de risa el güey, así nomás porque me eché cuatro líneas gruesas sin querer, porque no sabía, y ahora no me dicen si me voy a morir, si es peligroso o qué. ¡Qué pendeja!, ¿y ahora me voy a morir? ¡Dime! Me siento de la chingada, cuatro líneas. ¡En la madre! ¿Qué me va a pasar ahora? Ayúdame, ¡me tienes que ayudar, Lars!

—Queso cottage. Es completamente queso cottage

Eric dice que sí es queso cottage y Esther se pone a berrear. Así que la abrazo y le explico que queso cottage está bien y que Oktai de por sí está bien y que debería de fumar algo con él, porque eso siempre te hace el paro. Ella pregunta:

—¿La neta?

Y le digo:

—Claro. Oktai lo va a arreglar. Él quiere contigo, así que no te preocupes.

—Es que yo quería contigo.

—Ya sé, pero te juro que te vas a llevar mucho mejor con Oktai.

—¿Entonces me retacho?

—A huevo.

Nos pregunta todavía qué significa lo del queso cottage, porque no tiene ni puta idea de que su cerebro ahora se ve así, cuando por fin localizo a los árabes, que están tramando algo. Éste no es nuestro barrio. Eso trae broncas. Eric me enseña una torre de vidrio reflejante con letras resplandecientes, pero yo le digo que los árabes andan merodeando por aquí y creo que quieren bronca. Tomo la botella de agua para rellenarla en la estación espacial y para avisarle a mi banda que afuera se está armando algo.

Tyree conoce a los árabes y ellos le dicen que se saque a chingar a su madre. Philipp está junto a él y juguetea con sùs orejas porque no entiende ni madres, porque quiere sacar su punta, porque tiene que vengarse de lo de la vieja. Tyree lo para y les aclara a los árabes que no hay pedo; que todo está tranquilo. El cabecilla de los árabes no sabe bien qué transa, pero se va con Tyree para ver en qué quedan. Está denso. Un movimiento en falso, una palabra de Philipp y todo vale madres. La situación no le parece graciosa a Vanessa y quiere que Moritz la lleve a su casa, pero Esther empieza a guacarear y ella tiene en qué ocuparse. Tenemos público invisible. Todo el que pasa por ahí quiere detenerse, pero sólo baja la velocidad. Nadie quiere quedar embarrado. Me doy cuenta de que estoy del lado equivocado, de que estoy en medio de los árabes, dándoles cigarros. Fumamos juntos y uno de ellos quiere saber cuánto me costó mi pantalón, dónde compré ese Reebok tan chingón. A lo mejor ahora tenemos que darnos en la madre porque quieren mi pantalón, pero cuando digo:

—Usados, veinte marcos.

Nada más sonríe y me tira de a loco. No sé cómo salir de ahí, así que le explico que sería una pendejada armar un desmadre aquí, porque yo sencillamente no ando buscando broncas. Y él me explica que sólo están sacados de onda, porque por culpa de la tira tuvieron que echar su merca en una jardinera y se les olvidó en cuál y no pueden encontrarla, y que además hay unos cabezas rapadas merodeando por el barrio que se quieren meter en sus bisnes y que nosotros por supuesto no tenemos nada que ver con ese rollo, pero más vale asegurar. Es obvio que soy digno de confianza y hasta Philipp se da cuenta de que soy muy buen negociador. Cuando regresa Tyree, a nadie le importa en qué quedaron y yo todavía me fumo uno con el jefe árabe, antes de que quede claro que ahí va a quedar la cosa y que cada quien se va por su lado. Philipp quiere regresar al Dog-Food y como a los demás les da lo mismo, regresamos, adonde por supuesto nos encontramos a los árabes, y Tyree tiene que vaciar su azúcar glass en la Coca-Cola de Moritz si no quiere que nuestra paz se vaya a la chingada.

—Es hora de que nos desafanemos, mi chavo.

Eric. Me acuerdo de él, pero no sé cómo desafanarme. Le pregunto si todavía tiene tachas. Está cantando R. Kelly: *I believe I can fly*, que no me da pena, así que bailo con Eric y él me abraza y todos lo pueden ver. Son como 25 los que dan un portazo en el antro y pasan sobre los de la puerta. *I believe I can fly*. Veo a los árabes. Veo a mi banda. Veo cabezas rapadas. Soy invisible. Eric hace maniobras para meterme debajo de una mesa y se pone encima de mí. Bajos y ojos. Un sonido diferente. *Scratching* con bates de beisbol. El *beat* de los gritos y el *beat* de los destrozos. Un cuerpo líquido y una y otra vez ojos. Los ojos y huesos de Eric. Junto a mí el puño sobre una nariz que se rompe. Juego de luces. Nada de agua, pero saliva y la lengua de Eric. Ninguna cicatriz. Árabes y cabezas rapadas. Tyree y Philipp. *Shot*. *I believe I can fly* y Esther guacareando. La mano de Eric sobre mis ojos y su cabeza sobre mi cabeza. Sirenas. La sirena de la ambulancia y la tira. *Beat* nuevo, juego nuevo. Salir de abajo de la mesa y esquivar. Brazos que vuelan. Los hombres de verde con macanas y cascos. El juego de luces está loco. Las Vegas sería demasiado. Eric conoce la salida trasera. Mi banda no conoce ninguna salida trasera. El *beat* de la tira. Todos bailan. Yo mido tres metros de alto y le enseño a mi banda la salida trasera. No somos parte de esto. Alcanzamos el camión de partida, la montaña rusa. Eric tiene todo bajo control. Somos dos tipos comunes y corrientes que caminan por la ciudad un sábado por la noche. Dos turistas con sus botellas de agua que disfrutan de las atracciones turísticas. Todas las ambulancias y los oficiales de seguridad reunidos nos ignoran. Pasamos la frontera y nadie está herido.

En una callejuela colocaron para nosotros dos butacas de cine frente a una casa, con vista a una tienda de lámparas. Eric prende los cigarros y por fin podemos fumar con calma y mirar las lámparas.

—¿Estás bien, Lars?

—Todo bien.

—¿Neta?

—Sí.

—¿Ves la lámpara azul ahí?

—Azul, completamente azul.

—¿Alguna vez haz cogido con unas tachas encima?

—No. Y contigo tampoco he cogido, nada más porque no sé cómo. No sé ni cómo hablarte, porque me la paso sentado en ese bar y me quedo mirándote y después te doy propina y siento que me lleva la chingada, porque seguramente te valgo madres, porque hay un chingo de tipos con los que puedes andar y por eso no te fijas en mí. Así que no mames, güey, nunca he cogido con tachas, lo cual es una pendejada, porque es obvio que sería muy chingón hacerlo y si cogiera ahora contigo, seguramente nunca nos iríamos a Las Vegas. Claro que nunca vamos a ir, pero así menos. No quiero decidirme ahora porque estoy aquí sentado viendo estas lámparas.

—Yo siempre me pregunto por qué ese güey es tan pendejo que no flexiona el hocico para sacar una sonrisa cuando me da la propina, porque me cae que es diferente a toda la bola de güeyes y me caga su actitud pendeja. Si me quiere coger, no necesita una tacha para eso, porque ésa es otra onda, en otro planeta, y tú consigues el boleto que quieras.

—Me pregunto cómo le hacen Siegfried y Roy.* ¿Se cogen entre ellos o cogen a sus tigres blancos?

—Ésos se amarran el pito con agujetas para que al menos se les pare y entonces están tan cansados de la amarrada que ya ni se acuerdan qué es lo que iban a hacer con eso.

—¿A poco sí?

—Estoy seguro.

—Guau.

—Eso no es nada comparado con las anguilas. Pueden pasar hasta 12 años para que lleguen a su madurez sexual y entonces nadan 5000 km hasta el Mar de los Sargazos y apenas ahí les salen realmente los

* Siegfried y Roy: dos artistas alemanes gays famosos por su show con tigres blancos en Las Vegas.

órganos sexuales, entonces ponen sus huevos y se mueren. Y las larvas viajan otra vez durante tres años hasta Europa o el Norte de África y, entonces, en algún momento, se convierten en anguilas y llegan a su madurez sexual y nadan otra vez de regreso y ponen su huevos y se mueren. Todas las anguilas nacen en el Mar de los Sargazos y mueren ahí y nadie sabe por qué.

—¡Está cabrón!

—Depende.

—Me refiero a que está cabrón que uno haga las cosas porque las tiene que hacer y que no haya nada que lo impida.

—Con las anguilas es así

—¡Qué gacho!

—Queso cottage.

—Nada más cogen una vez en su vida.

—¿Cuántos kilómetros son hasta Las Vegas?

—No creo que se pueda nadar hasta allá.

—En una jaula contra tiburones, a lo mejor.

—Nevada. Ahí es puro desierto.

—El desierto no es el problema. El problema son los tiburones.

—Los tiburones no comen anguilas.

—Los tiburones comen queso cottage.

Si nadie me recoge, me quedaré sentado el resto de mi vida en esta butaca mirando el aparador. Eric empieza a reír y cuando nuestras lenguas se juntan, la sensación corre por todo el cuerpo. Es bueno, porque no babea y este beso es realmente intenso, porque Eric está sentado sobre mí y mis manos rozan su piel debajo de su playera y sus manos llenan cada una de mis vértebras con electricidad que corre por mis venas. Nos vamos. Tengo que encontrar a mi banda para checar si todavía respiran. Nos encontramos a Oktai, Esther y Vanessa frente a nuestro lugar. La mano derecha de Oktai está hinchada y las uñas de Vanessa se quebraron. Eric va por el café y Oktai dice:

—¿Qué transa contigo, carnal, dónde andabas?

—Se me fue la hebra. ¿Qué te pasó en la mano?

—Se me quedó colgada en un casco. No te vi por ningún lado.

Y Esther dice:

—Estaba debajo de una mesa, pero nos enseñó la salida.

Me quiere balconear. A Oktai le vale. A él le da gusto verme y yo respiro otra vez. Vanessa pregunta si tengo dinero para un taxi, pero yo quiero saber qué onda con Moritz, Philipp y Tyree.

—Sólo podemos esperar.

Vanessa me mira y yo me siento incómodo, porque esa mirada no dice otra cosa que: ¿Por qué? ¿Por qué estás en esta mierda? ¿Por qué estoy yo aquí? ¿Qué clase de güey eres con un chupetón en el cuello después de una madriza como esta? Me siento junto a ella y me cuenta algo de Detroit y *house*, de lo que no entiendo ni la tercera parte, pero me aliviana. Eric me pasa el café desde atrás y me susurra al oído. Quiere que nos vayamos, porque andamos en otra onda. No entiende ni madres, porque yo mismo no entiendo ni madres, pero no me puedo ir de aquí, a lo mejor porque esto tiene algo que ver con sobrevivir. Al menos así se me figura. Cuento con que se ría y se vaya, pero me planta un beso en la oreja y se queda. Oktai pregunta:

—¿Eres puto o qué?

Y Eric dice:

—Chance, ¿por qué no?

Y Esther dice:

—Hasta crees que "chance".

Hace dos años, Oktai igual y lo hubiera creído. Ahora lo considera un mal chiste. Vanessa está entretenida con sus uñas. Yo le preparo un toque a Oktai porque él casi no puede mover la mano. Eric corta una tacha a la mitad. La sobredosis, pero ya qué chingados. Por fin llegan los tres y se dejan festejar. La ceja izquierda de Tyree está abierta y algo anda mal con la rodilla de Moritz, pero opinan que el asunto salió bien, porque ellos estuvieron tan tranquilos y porque todos pudimos salir. Philipp nos cuenta cómo le rajó la cara con su navaja a uno de los cabeza rapadas y yo me imagino las cicatrices y le pregunto si le pasó algo a él. Se sube su playera de los Lakers y nos enseña una pequeña cortada debajo de su pezón izquierdo, sobre el corazón y hace las fintas que conocemos del básquet:

—Soy bien chingón, carnal. Muy rápido. ¿Cámara?

Cámara. Oktai trae unos *sixs packs* de la gasolinera. Moritz trata de calmar a Vanessa, que se había imaginado la noche de otra manera. Nos encaminamos hacia el parque para esperar el amanecer. Nos plantamos en el cráter junto a las viejas salidas del metro. Los chavos siguen prendidos con sus aventuras y vuelan cada vez más alto. Me pregunto qué es lo que Vanessa y Esther esperan de ellos, qué es lo que yo quiero de ellos. Philipp es el primero que ve a los dos güeyes. De seguro se perdieron. Y están demasiado briagos como para vernos a tiempo. Oktai los invita a echarse una chela. Cuentan algo de una super madriza en el Dog-Food en la que dicen que estuvieron. Tyree, Moritz y Philipp se hacen unas señas que no entiendo. Moritz desaparece en dirección a la gas. Todos chocan sus chelas y yo espero a que el cielo frente a mí cambie de color. Philipp está sentado junto a uno de los tipos y juega con su navaja. Quieren saber qué clase de banda tan rara somos con negros, turcos, etc. Tyree nada más sonríe y pregunta si quieren algo de coca. Les prepara un par de líneas. Moritz regresa con un bote que deja entre él y Vanessa. Los dos güeyes están empinados sobre la coca y jalándole a las líneas, cuando Tyree y Philipp se levantan en chinga y cada uno se lanza sobre uno de los güeyes y los apañan jalándoles los brazos hacia atrás. No tienen tiempo de gritar, porque Oktai les da un chingadazo en la boca con la mano sana. Moritz les amarra las manos atrás de la espalda y les mete las envolturas de los *sixs packs* en el hocico. Luego les amarra los pies. Tyree y Philipp siguen agarrándolos. Las chocan y Esther dice:

—Ya párenle.

Tyree empuja la cabeza de uno de ellos hacia atrás y Philipp le abre la playera por la mitad con la navaja. Moritz rasga la tela en tiras. Oktai trae el bote y lo abre. Moritz detiene los pedazos de tela y Oktai los baña con gasolina. Philipp y Tyree envuelven la cabeza del tipo al que le quitaron la playera con las tiras de tela empapadas de gasolina. Las ponen una tras otra, hasta que cubren toda la cabeza. Vanessa grita:

—¡Moritz!

Nadie la pela. Tyree jala al de la cabeza de gasolina y lo pone de pie. Que se mea en los pantalones. Todos están parados frente a él, sólo seguimos sentados Eric y yo y el otro güey al que se le escurren las lágrimas. Esther pregunta:

—Ya estuvo, ¿no?

Oktai pone el brazo alrededor de su hombro. La hora azul. Todo azul. Oktai rocía la gasolina sobre el resto de la tela. Moritz la mete en una botella vacía y se la da a Philipp. Philipp retrocede un tanto junto con Tyree, tiro al blanco, y detiene la botella en lo alto. Tyree toma el encendedor y con su pulgar le da vuelta a la ruedita contra la piedrita. Tyree prende el trapo que cuelga de fuera. Philipp toma vuelo y pregunta:

—¿Le atino o no le atino?

Yo cierro los ojos, Esther grita "¡No!" Oigo el impacto del coctel, a Oktai que grita "¡En la madre!", pasos alejándose en chinga. Abro los ojos y veo una bola roja de fuego contra el cielo azul. Vanessa pone su chamarra sobre la cabeza del güey y lo tira al suelo. Philipp, Oktai, Tyree y Moritz desaparecen detrás de la cima del cráter. Esther junto a Vanessa.

Vanessa trata de quitar la tela de la cara del güey, de su cabeza. En una parte está pegada con la carne. Me arrastro hacia el otro y lo desamarro. Esther tiene que vomitar otra vez. Vanessa le dice al tipo que no está tan grave. Que tuvo suerte. Vanessa y Esther los ayudan a levantarse y los sacan del parque. Eric está acostado sobre una banca y mira en dirección del amanecer. El fin de la hora azul. Me siento junto a él, sin tocarlo.

—La sangre de las anguilas contiene una neurotoxina bastante fuerte. Por eso hay que ahumarlas y cocinarlas. Para que el veneno se destruya. ¿Sabías eso, Lars?

No lo sabía. Le digo que me voy a casa. Desde el puente puedo ver la cancha de básquet. Moritz y Philipp. Tyree, que intenta una finta. Oktai. Hace dos años estaba dormido a estas horas.

CASA DE VERANO, MÁS TARDE*

JUDITH HERMANN
Traducción de María Esperanza Romero
y Richard Gross

STEIN ENCONTRÓ LA CASA EN INVIERNO. Me llamó un día de comienzos de diciembre y dijo: —Hola —y se quedó callado. Yo también me quedé callada. Dijo: —Soy Stein —dije: —Ya lo sé —dijo: —¿Qué tal? —dije: —¿Por qué llamas? —y el dijo: —La encontré —y yo, sin entenderlo, pregunté: —¿Qué es lo que encontraste? —a lo que contestó irritado: —¡La casa! He encontrado la casa.

La casa. Ya me acordaba. Stein y su cantinela de *la* casa, salir de Berlín, una casa de campo, una casa solariega, un caserío, con tilos delante, castaños detrás, el cielo encima, un lago de la Marca, tres fanegas de tierra como mínimo; desplegar mapas, marcarlos, recorrer la región durante semanas, buscar. Luego, cuando regresaba, tenía un aspecto raro, y los otros decían: "Pero qué dice éste. Nunca lo conseguirá". Me olvidaba de todo esto cuando no veía a Stein. Como también me olvidaba de él.

*Texto tomado de *Corales rojos*, Madrid, Siglo XXI de España, 2000.

Encendí mecánicamente un pitillo, como siempre que Stein hacía una de sus apariciones, y a mí no se me ocurría nada. Dije vacilante: —¿Stein? ¿La compraste? —y él gritó: —¡Sí! —y el auricular se le cayó de la mano. Nunca lo había oído gritar. Luego se puso otra vez al teléfono y siguió gritando. Gritaba: —¡*Tienes* que verla, es increíble, es maravillosa, es fenomenal! —no pregunté por qué tenía que ser precisamente yo quien la viera. Me quedé escuchando, aunque no dijo nada durante largo rato.

—¿Qué estás haciendo? —preguntó por fin. Sonaba casi obsceno y le temblaba levemente la voz. —Nada —dije—. Tocarme las narices y leer el periódico. —Te recojo. Dentro de diez minutos estoy allí —dijo Stein y colgó.

Llegó a los cinco minutos y no retiró el pulgar del timbre a pesar de que ya hacía rato que le había abierto. Dije: —Stein, estás molestando. Deja de tocar el timbre —cuando lo que quería decir era: "Stein, afuera hace un frío que pela, no tengo ganas de salir contigo, lárgate". Stein dejó de tocar el timbre, ladeó la cabeza, quiso decir algo, no dijo nada. Me vestí y salimos. Su taxi olía a tabaco; bajé la ventanilla dándole a la manivela y asomé la cara al aire frío.

Entonces ya habían pasado dos años desde la relación con Stein, como la llamaban los otros. No había durado mucho y había consistido sobre todo en recorridos que hacíamos juntos en su taxi. Fue precisamente en su taxi donde lo conocí. Me llevaba a una fiesta y mientras íbamos por la autopista puso una cinta de Trans-AM en el radiocasete; cuando llegamos dije que la fiesta era en otra parte, así que seguimos y en algún momento apagó el taxímetro. Se vino conmigo a mi casa. Depositó sus bolsas de plástico en el vestíbulo y se quedó tres semanas. Stein nunca había tenido piso propio, andaba con sus bolsas de un lado a otro de la ciudad y dormía unas veces aquí, otras allá, y cuando no encontraba nada dormía en su taxi. No era como uno se imagina a un sin techo. Era limpio, vestía bien, nunca parecía descuidado, tenía dinero porque trabajaba, sólo que no tenía piso propio, quizá porque no quería.

Durante las tres semanas que Stein vivió en mi casa nos dedicamos a recorrer la ciudad en su taxi. La primera vez por la Avenida Francfort, subimos hasta el final y dimos media vuelta, escuchábamos a Massive Attack y fumábamos, y debimos de estar una hora subiendo y bajando por la Avenida Francfort hasta que Stein dijo: —¿Tú lo entiendes?

Tenía la cabeza absolutamente vacía, me sentía hueca y como en un extraño estado de suspensión, la calle frente a nosotros era ancha y estaba mojada por la lluvia, los limpiaparabrisas se deslizaban en el cristal, hacia adelante y hacia atrás. La arquitectura estaliniana de ambos lados de la calle era gigantesca y ajena y bella. La ciudad ya no era la ciudad que yo conocía, era autárquica y desierta; Stein dijo: —Como un mastodonte extinto —y yo dije que lo entendía; había dejado de pensar.

Después, casi siempre dábamos vueltas en el taxi. Stein tenía una música distinta para cada ruta. Ween para las carreteras, David Bowie para el centro urbano, Bach para las avenidas, Trans-AM sólo para la autopista. Íbamos casi siempre por autopistas. Cuando cayó la primera nieve, Stein se bajaba del coche en cada área de reposo, salía corriendo hasta el campo nevado y efectuaba lentos y concentrados movimientos de taekwondo hasta que yo, entre la risa y la rabia, gritaba que volviera porque quería continuar el viaje, tenía frío.

En algún momento me harté. Cogí sus tres bolsas de plástico y dije que ya era hora de que se buscara otro lugar donde quedarse. Dio las gracias y se fue. Se pasó al piso de Christiane, que vivía una planta más abajo, luego al de Anna, al de Henriette y al de Falk, después al de los otros. Se los folló a todos, qué remedio, era bastante guapo, a Fassbinder le hubiera encantado. Participaba y no participaba. No pertenecía al grupo pero por alguna razón se quedaba. Posaba en el estudio de Falk, ponía los cables en los conciertos de Anna, escuchaba las lecturas de Heinze en el Salón Rojo. Aplaudía en el teatro cuando nosotros aplaudíamos, bebía cuando nosotros bebíamos, tomaba drogas cuando nosotros las tomábamos. Participaba en las fiestas y venía con nosotros cuando en verano salíamos de la ciudad, a las sórdidas y destartaladas casitas de campo que muy pronto todos tuvieron y en cuyas verjas podridas había pintas de "¡Berlineses fuera!" Y de vez en cuando uno se lo llevaba a la cama, y otro se quedaba a dos velas.

Yo no. Yo no repetí. Puedo decir que repetir no era mi estilo. Tampoco me acordaba de cómo había sido eso, eso del sexo con Stein.

Pasábamos las horas con él, ociosos, sentados en jardines y casas de personas con las que no teníamos nada que ver. Allí habían vivido obreros, campesinos, aficionados a la jardinería que nos odiaban y a los que nosotros odiábamos. A los lugareños los evitábamos, el mero hecho de pensar en ellos lo estropeaba todo; no encajaba. Les robábamos el "estar-entre-nosotros", desfigurábamos los pueblos, los campos e incluso el cielo, y se daban cuenta por la manera que teníamos de movernos a lo Easy Rider, de empujarnos en plan chulo y tirar las colillas de porros a los parterres de flores de sus jardines. Pero a pesar de todo queríamos estar allí. Arrancábamos el papel pintado de las casas, quitábamos polivinilos y polietilenos, y era Stein el que lo hacía; nos sentábamos en el jardín, bebíamos vino, mirábamos embobados hacia la arboleda con su enjambre de mosquitos, hablábamos sobre Castorf y Heiner Müller y el último fiasco de Wawerzinek en el Teatro Popular. Cuando Stein se hartaba de trabajar se sentaba con nosotros. No tenía nada que decir. Tomábamos LSD; Stein también lo tomaba. Toddi andaba tambaleante a la luz del atardecer, y farfullaba "azul" cada vez que tocaba a alguien; Stein sonreía exageradamente alegre y callaba. No le salía, por mucho que se esforzara, esa mirada nuestra, tan sutil, tan neurasténica, tan retorcida; por lo general nos observaba como si actuáramos en un escenario. En una ocasión me quedé sola con él, creo que fue en el jardín de la casa de Heinz en Lunow, cuando los otros, colocados, se habían ido a ver la puesta del sol. Stein recogía vasos, ceniceros, botellas y sillas. Lo consiguió. Al poco rato ya nada recordaba a los otros. —¿Quieres vino? —preguntó; yo dije: —Sí —bebimos y fumamos en silencio, él sonreía cada vez que nos mirábamos. Y eso fue todo.

"Y eso fue todo", pensé yendo ahora en el taxi junto a Stein, por la Avenida de Francfort en dirección a Prenzlau, en medio del tráfico de la tarde. El día era neblinoso y frío, había polvo en el aire y, a nuestro lado, conductores fatigados que miraban con cara de idiota y hacían cortes de manga. Fumaba un pitillo y me preguntaba por qué tenía que ser justo yo la que se encontrara ahora sentada junto a Stein, por qué me había llamado a mí precisamente... ¿por qué yo había sido un comienzo para él? ¿Porque no había localizado a Anna, ni a Christiane, ni a Toddi? ¿Porque ninguno de ellos hubiera salido de la ciudad con él? Y ¿por qué salía yo con él? No llegaba a ninguna conclusión. Tiré la colilla por la ventana y no hice caso de lo que me dijo el conductor de al lado; en el taxi hacía un frío horrible. —¿Pasa algo con la calefacción Stein? —Stein no contestó. Era la primera vez que volvíamos a estar juntos en su coche desde entonces; pregunté con prudencia: —Stein, qué tipo de casa es. Cuánto has pagado por ella —Stein miraba distraído al retrovisor, se saltaba los semáforos en rojo, cambiaba de carril continuamente, daba caladas hasta que el ascua de su

cigarrillo le tocaba los labios. —80 000 —dijo—.
Pagué 80 000 marcos. Es preciosa. Fue verla y saber
que era *la* casa —tenía manchas rojas en la cara y
aporreaba el claxon con la palma de la mano mientras le quitaba la prioridad a un autobús. Dije: —¿Y
de dónde has sacado tú 80 000 marcos? —me echó
una breve mirada y contestó: —Haces preguntas que
no vienen al caso —resolví no decir nada más.

Abandonamos Berlín, Stein salió de la autopista
a una carretera, comenzaba a nevar. Me amodorraba
como siempre que iba en coche. Miraba fijamente
los limpiaparabrisas, los remolinos de nieve que
nos llegaban de frente en círculos concéntricos,
pensaba en los recorridos en coche con Stein dos
años atrás, en esa rara euforia, en la indiferencia, en
la extrañeza. Stein conducía con más calma y de vez
en cuando me echaba una mirada fugaz. Pregunté: —¿Ya no funciona el radiocasete? —sonrió y dijo:
—Sí que funciona. No sabía... pero si te sigue gus-
tando —torcí los ojos, —¡Claro que me sigue gus-
tando! —introduje en el radiocasete la cinta de la
Callas en la que Stein había grabado un aria de
Donizetti veinte veces seguidas. Rió. —Todavía te
acuerdas —la Callas cantaba, subía y bajaba el tono,
Stein aceleraba, ralentizaba, yo también me reí y le
toqué por un instante la mejilla con la mano. Su piel
era de una aspereza poco habitual. Pensé: —Qué es lo
habitual —Stein dijo: Ves —y comprendí que se había arrepentido.

Pasado Angermünde salió de la carretera y, ante
la entrada de vehículos de una casa de techo plano

de los años sesenta, frenó con tal brusquedad que me fui de bruces contra el parabrisas. Decepcionada e inquieta pregunté: —¿Es ésta? —y a Stein le hizo gracia y, con muchos aspavientos y patinando sobre el asfalto helado, se acercó a la mujer con delantal de cocina que acababa de asomar por la puerta. Un niño pálido, esmirriado, se aferraba a su delantal. Bajé la ventanilla, oí cómo Stein exclamaba con jovial cordialidad: —¡Señora Andersson! —siempre odié su manera de tratar a gente de esta laya—, vi cómo le tendía la mano, pero la mujer en lugar de estrechársela, dejó caer en ella un enorme manojo de llaves. —Cuando hiela no hay agua —dijo—. La toma está estropeá. Pero la corriente la van a poné la otra semana —el niño prendido del delantal empezó a chillar. —No importa —dijo Stein; volvió patinando hasta el coche, se paró frente a mi ventanilla abierta y comenzó a efectuar con la pelvis movimientos giratorios elegantes y obscenos a la vez. *Come on bay, let the good times roll* —dijo. —Stein, para ya —dije, y sentí cómo se me ponía colorada; el niño soltó el delantal de la mujer y, asombrado, dio un paso hacia nosotros.

—Éstos vivían en la casa —dijo Stein al encender de nuevo el motor, y reculó hasta la carretera; la nevada caía ahora más fuerte, me volví y vi a la mujer y al niño en el rectángulo iluminado de la puerta hasta que la casa desapreció tras una curva—. Están cabreados porque tuvieron que marcharse hace un año. Pero no fui yo el que los echó sino el propietario de Dortmund. Yo sólo la compré. Por mí hubieran podido quedarse —dije tajante: —Qué asquerosos son

186

—y Stein dijo: —Qué es asqueroso —y me tiró el manojo de llaves en el regazo. Conté las llaves: eran veintitrés, las había muy pequeñas y muy grandes, todas eran viejas y bellamente torneadas, y yo cantaba para mí a media voz: —La llave para el establo, la llave para la buhardilla, la del portón, la del granero, la del salón, la del cuarto de los enseres de ordeñar, la del buzón, la del sótano y la de la cancela —y de pronto, sin querer, entendí a Stein, su entusiasmo, su ilusión su ansia febril. Dije: —Qué bien que vayamos a verla juntos, Stein —y él sin querer mirarme, dijo: —La cuestión es que desde el porche se ve ponerse el sol por detrás de la torre de la iglesia. Ya vamos a llegar. Después de Angermünde viene Canitz, y en Canitz está la casa.

Canitz era peor que Lunow, peor que Templin, peor que Schönwalde. Casas grises, agazapadas a ambos lados de la sinuosa carretera, con muchas ventanas cegadas con tablas y ni una tienda, ni una panadería, ni una taberna. La ventisca arreciaba. —Mucha nieve la que hay por aquí, Stein, —dije yo, y él dijo: —Claro —como si hubiera comprado la nieve junto con la casa. Cuando a la izquierda de la carretera apareció la iglesia del pueblo, que sí era bella y roja, con un campanario redondo, Stein empezó a hacer un ruido raro, un zumbido propio de una mosca que en verano rebota contra las ventanas cerradas. Dirigió el coche a un pequeño camino transversal, frenó hasta parar el vehículo, soltó en ese mismo momento el volante, con un gesto enfático y dijo: —Ésta es.

Miré por la ventanilla del coche y pensé: —Seguirá siéndolo durante cinco minutos más —parecía como si la casa fuera a desplomarse en cualquier momento, sin ruido y sin previo aviso. Bajé del vehículo y cerré la puerta con tanto cuidado como si cualquier sacudida pudiera ser excesiva, y hasta el mismo Stein caminaba de puntillas hacia la casa. La casa era un barco. Estaba a la vera de aquella calle del pueblo de Canitz y se asemejaba a un soberbio barco encallado desde tiempos remotos. Era un gran caserío de ladrillo rojo y dos plantas, tenía un tejado a dos vertientes, con correas a la vista y dos cabezas de caballo talladas en madera a ambos lados; la mayoría de las ventanas carecía de cristales. El porche albeado sólo se sostenía gracias a la tupida hiedra, y en las paredes se abrían grietas tan anchas como un pulgar. La casa era hermosa. Era *la* casa. Y estaba en ruinas.

La cancela, de la que Stein intentó quitar el cartel que decía "En venta", se derrumbó con un quejido. Pasamos por encima, luego me detuve, asustada por la expresión que asomaba a la cara de Stein, y vi cómo él desaparecía tras la hiedra del porche. Al poco rato, un marco de ventana se desprendió de la casa cayendo fuera, el rostro febril de Stein apareció entre las puntas de un cristal iluminado por el resplandor de una lámpara de petróleo.

—¡Stein! —exclamé. ¡Sal de ahí! ¡Que se viene abajo!

—¡Ven! ¡Entra! —contestó él—. ¡Si es mi casa!

Me pregunté por un momento por qué había de ser tranquilizadora esa circunstancia, luego me dirigí al porche tropezando con bolsas de basura y chatarra. Las tablas del porche chirriaban, la enredadera engullía al instante todo atisbo de luz; aparté asqueada los zarcillos y luego la gélida mano de Stein me atrajo al interior del vestíbulo. Yo la cogía, cogía esa mano porque de repente no quería volver a perder el contacto con él, y menos aún el resplandor de la pequeña mecha de su lámpara; Stein tarareaba, y yo lo seguía.

Empujó los batientes de todas las ventanas hacia fuera, hacia el jardín y, a través de los cristales rotos y rojos de las puertas, vimos las últimas luces del día. Sentí el peso del manojo de llaves en el bolsillo de mi chaqueta, llaves que no eran en absoluto necesarias pues todas las puertas estaban abiertas o ya no existían. Stein iluminaba, indicaba, describía, se ponía frente a mí sin aliento, quería decir algo y no decía nada, seguía arrastrándome. Acariciaba barandillas de escaleras y picaportes, daba golpecitos en las paredes, arrancaba trocitos de papel pintado y se asombraba ante el revoque polvoriento que afloraba por debajo. Decía: —¿Ves? —y: —¡Toca ahí! —y: —¿Qué te parece? —no necesitaba contestarle, hablaba consigo mismo. Se arrodilló en la cocina y quitó con las manos la suciedad de las baldosas hablando para sí; yo me aferraba a él durante todo ese tiempo y, no obstante, ya no estaba presente. En las paredes unos jóvenes habían dejado sus marcas... *Ve donde está ella y deja volar tu cometa. He estado aquí. Mattis. No risk, no fun...* Dije: —Ve donde está ella y deja volar tu cometa —y de repente Stein se volvió hacia mí como un demente y dijo: —¿Qué? —y yo dije: —Nada —me agarró del brazo y fue empujándome delante de sí, dio una patada a la puerta trasera de modo que se abriera hacia el jardín y me hizo bajar por una escalerilla. —Aquí.

—Aquí ¿qué? —dije.

—¡Pues todo! —dijo Stein; nunca le había visto un comportamiento tan insolente—. El lago, la Marca, los castaños en el patio, tres fanegas de tierra, podéis plantar vuestra maldita hierba y los hongos y el cáñamo y toda esa mierda. Hay sitio suficiente, ¿comprendes? ¡Hay sitio suficiente! Os haré un salón y una sala de billar y un fumadero, y a cada uno su habitación propia, y una mesa grande detrás de la casa para todas vuestras puñeteras comidas, y entonces te podrás levantar e ir al Oder y darle a la coca hasta que se te revienten los sesos —y me giró bruscamente la cabeza hacia el campo, tan oscuro que apenas podía distinguir nada, y comencé a temblar.

Dije: —Stein. Por favor. Para ya.

Y paró. Se quedó callado; nos miramos, respirando agitadamente, casi al compás. Acercó despacio su mano a mi cara y yo di un respingo echándome para atrás; dijo: —Está bien. Está bien, está bien. OK

No me movía. No entendía nada. Muy vagamente, sin embargo, comencé a entender algo, algo aún demasiado lejano. Desmadejada y agotada, pensé en los otros y sentí una rabia momentánea porque me hubieran dejado sola en este lugar, porque no estuviera aquí ninguno para protegerme de Stein, ni Christiane, ni Anna, ni Heinze. Stein rascando el suelo con los pies, dijo: —Lo siento.

Yo dije: —No importa. No pasa nada.

Me cogió la mano con la suya, que ahora estaba caliente y blanda, y dijo: —Bueno, como te decía: el sol detrás de la torre de la iglesia...

Limpió la nieve de los peldaños del porche y dijo que me sentara. Así lo hice. Sentía un frío increíble. Cogí el cigarrillo encendido que me alargó y fumé mirando la torre de la iglesia tras la cual ya se había puesto el sol. Me sentí obligada a decir algo con trascendencia para el futuro, algo optimista; sintiéndome confusa, dije: —Yo que tú quitaría la hiedra del porche, en verano. Si no, no veremos nada cuando queramos estar aquí y tomar vino.

Stein dijo: —Lo haré.

Estaba segura de que no me había escuchado en absoluto. Stein, sentado junto a mí, parecía cansado, miraba hacia la calle fría, desierta y blanca de nieve; me acordé del verano, de aquella hora en el jardín de Heinze en Lunow, deseé que Stein volviera a mirarme una vez más como me había mirado entonces, y me odié por ello. Dije: —Stein, ¿puedes decirme una cosa, por favor? ¿Podrías darme alguna explicación?

Stein, con un giro brusco de la muñeca, tiró su cigarrillo a la nieve, me miró y dijo: —Qué quieres que te diga. Esta es una posibilidad, una entre muchas. Puedes aprovecharla o desecharla. Yo puedo aprovecharla o cortar e irme a otra parte. Podemos aprovecharla juntos o hacer como si no nos hubiéramos conocido nunca. No tiene importancia. Sólo quería enseñártela, y nada más.

Dije: —¿Has pagado 80 000 marcos para enseñarme una posibilidad, una entre muchas? ¿Lo he entendido bien? ¿Stein? ¿Qué significa esto?

Stein no reaccionó. Se inclinó hacia delante y contempló la calle, esforzadamente; le seguí la mirada. La calle estaba sumida en el crepúsculo, la nieve reflejaba la última luz del día y me deslumbraba. Al otro lado de la calzada había alguien. Entorné los ojos y me incorporé; aquella figura, situada quizá a unos cinco metros, se dio la vuelta y desapareció en la penumbra entre dos casas. Una cancela se cerró; yo estaba convencida de haber identificado al niño de Anermünde, al niño pálido y tonto que se agarraba al delantal de aquella mujer.

Stein se levantó y dijo: —Vámonos.

Yo dije: —Stein... el niño. El de Argemünde. ¿Qué hace parado ahí en la calle observándonos?

Sabía que no contestaría. Sujetó la puerta del automóvil para que entrara y yo me quedé parada frente a el, esperando algo, que me tocara, que tuviera algún gesto. Pensé: "Pero si eres tú el que siempre ha querido estar con nosotros".

Stein dijo fríamente: —Gracias por haber venido conmigo.

Entonces subí al coche.

Ya no recuerdo qué música escuchamos durante el viaje de vuelta. Durante las semanas siguientes no vi a Stein sino en contadas ocasiones. Los lagos se helaron, compramos patines y, por las noches, atravesábamos el bosque con antorchas y salíamos a patinar sobre el hielo. Escuchábamos a Paolo Conte en el Ghettoblaster de Heinze, nos metíamos éxtasis y leíamos en voz alta los mejores pasajes de *American Psycho* de Bret Easton Ellis. Falk besaba a Anna, y Anna me besaba a mí, y yo besaba a Christiane. Stein a veces participaba. Besaba a Henriette, y cuando lo hacía yo miraba hacia otro lado. Nos esquivábamos. Él no había contado a nadie que por fin había comprado la casa ni que había ido a verla conmigo. Yo tampoco lo conté. No pensaba en la casa pero, a veces, cuando volvíamos en su taxi a la ciudad y tirábamos nuestros patines y antorchas en el maletero, descubría allí pintura para paredes, tela asfáltica y papel pintado.

En febrero Toddi se hundió en el hielo del lago de Griebnitz. Mientras patinaba a toda velocidad, Heinze levantó en alto su antorcha y exclamó: —¡Qué bien lo podemos pasar, qué requetebién, qué alucine! —estaba completamente borracho, y Toddi le seguía tambaleante, y nosotros gritábamos: —¡Di *azul*, Toddi! ¡Dilo! —y entonces se oyó un chasquido y Toddi desapareció.

Nos quedamos quietos. Heinze dio una magnífica media vuelta con la boca abierta, el hielo vibraba, las gotas de cera caían siseantes de nuestras antorchas. Falk echó a correr con los patines puestos, dando traspiés, Anna se arrancó la bufanda, Christianne se puso las manos sobre la cara como una boba y chilló con voz tenue. Falk comenzó a reptar boca abajo, y a Heinze ya no se le veía por ninguna parte. Falk llamó a Toddi a grito pelado, y Toddi le contestó también gritando. Anna tiró su bufanda, Henriette se aferró a los pies de Falk, yo me quedé parada.

Stein también se quedó parado. Cogí el cigarrillo encendido que me tendía, él dijo: "*azul*", y yo dije "frío", y nos echamos a reír. Nos tronchábamos de risa, tumbados sobre el hielo y con las lágrimas rodándonos por las mejillas; no podíamos parar de reír ni siquiera cuando trajeron a Toddi, mojado y tiritando, y Henriette dijo: —¿Estáis pirados o qué?

En marzo Stein desapareció. No se presentó cuando Heinze cumplió los treinta, ni en el estreno de Christiane, ni en el concierto de Anna. Se había esfumado y cuando Henriette preguntaba discretamente dónde estaba, ellos se encogían de hombros. Yo no me encogía de hombros, pero me quedaba callada. Al cabo de una semana llegó la primera postal. Era una foto de la iglesia del pueblo de Canitz y en el dorso decía:

> He impermeabilizado el tejado. El niño está siempre ahí, sonándose los mocos, sin hablar. Siempre hace sol, fumo cuando se pone; he plantado cosas que podrás comer. Cortaré la hiedra cuando vengas, sabes que aún tienes las llaves.

Luego las postales empezaron a llegar periódicamente; yo las esperaba y me sentía decepcionada del día que no recibía ninguna. Siempre eran fotos de la iglesia y siempre llevaban escritas cuatro o cinco frases, como pequeños acertijos, a veces bonitos, a veces incomprensibles. Stein me decía a menudo "cuando vengas...". No me decía: "Ven". Decidí esperar el "Ven" y luego partir. En mayo no llegó ninguna postal pero sí una carta. Me quedé mirando el sobre, la letra grande y torpe de Stein; me metí otra vez en la cama, junto a Falk y rasgué el sobre. Falk aún dormía y roncaba. El sobre contenía un artículo recortado del periódico local de Angermünde; Stein había garabateado la fecha en el dorso. Aparté el cuerpo cálidamente amodorrado de Falk, desdoblé el artículo y leí:

Local

El antiguo caserío de Canitz fue reducido a cenizas por un incendio en la madrugada del viernes. Su dueño, un berlinés que había rehabilitado el edificio del siglo XVIII adquirido por él hace medio año, se encuentra desde entonces en paradero desconocido. La causa del siniestro no está esclarecida; la policía no descarta que el fuego haya sido provocado.

Lo leí tres veces. Falk empezó a moverse. Mi mirada iba del artículo a la letra de Stein en el sobre y viceversa. El matasellos era de Stralsund. Falk se despertó, me miró con indiferencia, luego me cogió por la muñeca y preguntó con la pérfida astucia de los tontos:

—¿Qué es esto?

Retiré la mano, me levanté de la cama y dije: —Nada.

Fui a la cocina y me quedé de pie frente al horno, alelada, durante unos diez minutos. El reloj de la cocina hacía tictac. Me dirigí a la habitación del fondo, abrí el cajón y coloqué el sobre junto a las demás postales y al manojo de llaves. Y pensé: "Más tarde".

CAFÉ BRAZIL*

TANJA DÜCKERS
Traducción de Lucía Luna Elek

SÓLO VINE POR AMOR A PETER. Ahora revuelvo mi chocolate tibio e intento mirar hacia cualquier lado, menos hacia el frente.

"¡Goool!" En el Brazil, un bar que está a la vuelta de la casa, todos se abrazan; los alemanes, que están a favor de Brasil y en contra de Dinamarca, y los brasileños. Peter también ha saltado y habla con un hombre de tez morena, mientras golpetea con tres dedos sobre la mesa. Yo me como la galleta que está en la orilla de mi plato: repostería danesa espolvoreada con azúcar.

Al principio de nuestra relación estaba rabiosamente decidida a dármelas de excepcional; fingía toda clase de intereses y *hobbies* estrafalarios, sólo para aparecer ante los ojos de Peter como una mujer interesante. Me resultó mejor de lo que esperaba. Demasiado bien, podría decirse, ya que ahora me encuentro sentada aquí y Peter presume de mí como "una de las pocas mujeres que se interesan por el futbol". Yo misma me lo busqué.

* Tomado del volumen de cuentos *Café Brazil*, compendio, Berlín, 2001.

Es el medio tiempo y todos van de un lado para otro; sube el volumen de la música de salsa. Apoyo la cabeza en mis manos e intento no pensar en el problema que me da vueltas en la mente desde hace horas: a los quince años empecé a llevar una lista con el número de mis amantes. No es muy original, pero mi falta de originalidad sólo la descubrí tiempo después. De cualquier manera seguí llevando la lista y ahora tengo veintisiete años. A veces no la revisaba durante meses y luego, de pronto, en una semana garrapateaba tres nombres en la libreta de espiral. Algunas anotaciones están hechas con bolígrafo, otras con un deslavado plumón. Los nombres de "Thomas" y "Klaus" los anoté con la misma pluma con la que escribí mi trabajo de fin de cursos del bachillerato sobre la lírica amorosa alemana. Un *Roller-pen* que se deslizaba deliciosamente. Antracita. El nombre de Peter lo rasgué en el papel hace cuatro años, con un lápiz afilado. Cuando nos conocimos, afirmé que no escribiría más que con una Edding color flamingo. Pero su nombre se encuentra profundamente grabado en mi cuaderno y una Edding no se marca tanto en el papel. Debo reconocer que su nombre no fue el último. Después de él anoté, digamos, otros 18 nombres. Con un marcador fosforescente azul claro que hace tiempo ya no brilla. Phillip, Carsten, Sönke, Robert, Chris… todos los nombres están escritos de la misma manera presurosa, el luminoso azul claro sobre el pálido papel. Y ahora son en total —los conté hace dos días— noventa y nueve. De pronto me arrepentí de haber empezado esta lista, porque sabía que el número sólo me espantaba por el hecho de que ahora danzaba como una cifra concreta en mi cabeza. Noventa y nueve. Si nunca hubiera llevado la lista, ahora no sabría con cuántos hombres había tenido que ver y pensaría, bueno sí, fueron varios, pero no me estaría devanando los sesos por ello. Pero ahora, con esta imponente cifra escrita en blanco y negro, arañada en el papel con una tinta negra indeleble abajo del último nombre, me atrapa una desagradable sensación reverencial.

Y ahora el problema sobre el que reflexiono: mañana tengo cita con Steffen, un tipo que, lo sé perfectamente, me ve como algo más que una compañera agradable. Quiero decir que bien podría convertirse en el indecible número cien. Pero después de que ciertamente me espanté un poquito con el noventa y nueve, me propuse conceder el cien de manera algo más selectiva. Por un momento pensé inclusive en anotar rápidamente el nombre de "Peter" en el número cien; es decir, cubrir bien el cien. Después de palomear el cien con Peter, podría ya manejar de manera más relajada el ciento uno y el ciento dos. Pero después pensé que el sentido de la lista no era engañarme a mí misma. Ya era suficiente con que engañara a Peter. Qué palabra tan fea.

"¡Gooool!" A mi alrededor todos brincan y gritan, pero yo mantengo la cabeza apoyada. Es el 2 a 0 para Brasil. Peter abraza a dos brasileños de una manera algo teatral. Uno trae una chamarra de cuero con flecos, el otro, más pequeño, es de los que visten de traje. Lo bonito del futbol es que unifica a todos, dice siempre Peter.

Con su buen humor se dirige ahora hacia mí, me planta un beso húmedo en la boca y dice: "Ven, te tengo que presentar a Raúl y a Alberto".

Ellos sonríen amigablemente y le lanzan a Peter la típica mirada aprobatoria de "vaya-te-conseguiste-una-novia-bonita", mientras continúan sorbiendo su caipirinha. Cuando me doy la vuelta y quiero regresar a mi lugar, veo que ahí se ha sentado un tipo gordo con un celular —vaya lugar para telefonear con ese ruidajo y la música de salsa— y aparta mi taza semivacía de chocolate con una expresión de repugnancia. Precisamente quiero ahuyentarlo de mi lugar, cuando me topo con la mirada del cantinero. Con los brazos descubiertos agita un mezclador de cocteles y me observa de perfil. Me detengo y le sostengo la mirada. Esos ojos. Se pasa el dorso de la mano por la boca y mira hacia otro lado. Una mujer lo llama para decirle algo. Él asiente, corta limones en rodajas y las fija en el borde escarchado con azúcar de las copas. Con el rostro volteado hacia otra parte, chupa ahora brevemente un pedazo de limón, como si fuera un niño. Mi ánimo sube un poco. Quizá no debería seguir yéndole a Dinamarca en secreto y salir de mi mutismo. El cantinero corre hacia delante y se amontona con los otros. Los daneses se han acercado peligrosamente por una pifia de la defensa brasileña. Cae un gol. Silencio helado; ni siquiera se escucha un sonoro "mierda" en el Brazil. El cantinero voltea hacia mí y ve cómo Peter, con naturalidad, acaricia fugazmente mi pelo. Retira la mirada y atiende al de la chamarra con flecos, Alberto, creo que es.

Sören Kerk tiene el balón y las frentes se contraen en pliegues. Decidí que ya no les voy a ir a los daneses, ni tampoco a los brasileños, sino sólo al cantinero. Ver cómo él, alto y esbelto, camina hacia atrás, lanza brevemente una botella de vino espumoso al aire y vuelve a atraparla. Cómo sonríe cuando vierte el vino en dos copas. Contemplo sus fuertes manos morenas, en realidad demasiado grandes para las delgadas patas de las copas que, sin embargo, no se rompen. Esas manos deberían rodear mis muslos. Ni un segundo más pienso en Steffen, mi acartonado compañero de estudios, que en cada seminario sostiene interminables monólogos y a cada rato se interrumpe para ver su efecto en mí. Mi curiosidad acerca de cómo podría transformarse su cara al levantar yo su miembro con caricias, simplemente no basta para otorgarle el dorado número cien. No, no lo vale. Frente a mí se encuentra una mujer que parece buscar algo en su bolso de mano. Sencillamente soy un ser muy curioso. Entre sus dedos se escurren: la fotografía de una niña pequeña con trenzas, un lápiz labial de color rojo oscuro sobre el que se lee "Wild Cherry", una barra de maquillaje que todavía conserva el precio —doce marcos con noventa y cinco—; un paquete de aspirinas con la caja bastante desvencijada y tres "tampones" que, tal como se ven, yo ya no utilizaría. Peter me pellizca el costado. "Nessie, no te estás divirtiendo... es un partido emocionante, ¿o no? ¿Quieres bailar una pieza?

Hace tres meses empezamos a bailar salsa, como uno de cada dos en Berlín. No obstante, Peter se pavonea de ello ante los amigos en Wiesbaden. No somos particularmente buenos, constantemente nos pisamos y yo tengo la desagradable sensación de que eso nunca va a cambiar.

—No, no tengo ganas de bailar, Pedro, y no te preocupes por mí, ¿OK?"

De repente me toma con fuerza en sus brazos y me murmura al oído:

—Me gusta cuando me llamas Pedro.

Tengo que voltearme para que no vea mi expresión divertida. Fue una cruel ironía de mi parte que no se disparó hacia atrás, sino, por así decirlo, hacia delante.

—Sí, Pedro —repito, sin poder disimular una sonrisa. Luego me encamino hacia el bar. El cantinero nota mi presencia de inmediato y sonríe amistosamente; sus negros cabellos semilargos le caen sobre la cara. Con mi mano recorro la orilla del mostrador y muevo el dedo que lleva un anillo color turquesa en forma de media luna de un lado al otro.

—¡Un jugo de naranja con un chorrito de champaña, por favor!

Me hace un guiño.

—Querrás decir champaña con un chorrito de jugo de naranja, ¿no?

Esbozo una sonrisa.

—¿Cómo te llamas? —me pregunta a continuación.

—Nathalie —contesto, pero la mayoría me dice Nessie.

—Ajá. Alguna vez existió ese monstruo, ¿no? Loch Ness…

—Sí, pero ése se supone que tenía siete gibas, ¡y yo, en cambio, sólo tengo dos!

Fue un chiste verdaderamente pesado. Él sonríe un tanto mortificado. Cuando estoy sobre un hombre digo cosas más primitivas que cualquier hombre que se quiere llevar a una mujer a la cama.

—¿Y tú como te llamas? —le pregunto yo ahora.

—¡Yo soy Pedro!

—¡Oh! —digo yo con un tono de sorpresa un tanto exagerado ante un nombre tan familiar.

—Y tú… ¿estás contenta... hoy también…? —pregunta Pedro. Creo que no sabe hablar alemán muy bien.

—Sí, claro, fue un juego emocionante, aunque… también se lo hubiera concedido a los daneses, ¡ustedes ya han ganado tantas veces!

Esta especie de democracia global realmente no les interesa para nada a los fanáticos del futbol, pero en esto tengo un bono femenino a mi favor. Como mujer, con un amable comentario social de este tipo, no estoy luego luego perdida. Observo su rostro regular y sus bonitos y brillantes dientes. En realidad soy igual de boba que Peter, me cruza por la mente. Él se entusiasma con el "buen ambiente" de los bares y las tabernas sudamericanos, con su música de salsa y esas cosas, de lo cual yo me burlo, sobre todo por el hecho de que en esas noches siempre se pone camisas de colores vivos, rojas o anaranjadas, ¿pero qué hago yo? ¿Acaso me pesco a un danés? No, estoy fascinada con un cantinero brasileño, precisamente por lo brasileño que se ve.

—¿Desde hace cuánto estás en Berlín? —le susurro en voz baja.

—Eh, tres año... yo hablo sólo portugués con mis colegas, sabes, y sólo poquito alemán hasta ahora, pero va mejor.

Encuentro encantador que alguien hable con un acento así.

—¿Y ése ¿tu novio? —Pedro hace un gesto hacia "Peterpedro".

Yo sacudo la cabeza, mi pequeña mentira habitual.

—Ex novio —lo corrijo.

—Ah... ¿triste?

—No, feliz, ¡ahora somos buenos amigos! —digo tratando de verme radiante. La sola idea de perder a Peter es para mí como una pesadilla, aunque frecuentemente me enoje con él.

—¿Y te gusta trabajar aquí? —le pregunto, ya que no se me ocurre nada mejor.

—No, sólo hoy —responde de manera sorpresiva—. Mucho trajín, mucha tensión, yo siento como robot... a veces. Lanza una mirada afligida.

—Pero no hoy, hace rato te veías muy relajado...

—No, hoy bonito, hoy fiesta bonita y tú mujer bonita.

Resplandezco. Me alegro sinceramente de esta expresión tan trillada. Los ojos de Pedro... Puede ser que cada día vea de la misma manera a veinte mujeres, pero, bueno, tampoco es el primer hombre al que le sonrío en mi vida. Todavía nos seguimos mirando. Ahora soy yo la que interrumpe nuestro bonito flirteo, Alberto me observa de una manera rara. Probablemente ya estableció una fuerte amistad con Peter y está presto a batirse en duelo en su nombre con Pedro. Ahora Alberto aparta la vista, pero no sin antes lanzarme una mirada altamente escéptica. Bueno, no quisiera yo conocer su lista secreta.

Repentinamente, la mano de Pedro se posa con suavidad en mi hombro.

—¿Qué quieres beber? ¡Yo a ti invito!

— Oh, qué amable, tomaré una caipirinha.

Un minuto después dos caipirinhas están frente a nosotros. Otra vez, mientras tomamos el primer trago, me mira a los ojos. Siento calor y mi ánimo mejora. Empiezo un juego que siempre me divierte y que es el de criticar a la gente. Al principio, ni siquiera estoy segura de si Pedro también se va a embarcar ni tampoco de si le hace gracia; pero luego también critica un poco al tipo gordo con celular, que se ha puesto cómodo en el que era mi lugar.

—Nada se divierte ese hombre; llamadas de negocios todavía aquí, no divertido… —opina Pedro.

—¿Bailas conmigo? —me pregunta ahora.

—¿Cómo… dónde… aquí?

—Tú vienes conmigo atrás del bar… —Pedro me mira fijamente.

Me inclino hacia adelante y rozo su mejilla con uno de mis largos mechones castaños. Él pone una cara como si lo acabara de tocar un rayo; un poco exagerado, me parece. Luego rodeo la barra hacia donde está él. Por el rabillo del ojo observo que Peter acaba de encontrarse precisamente con Klaus y Lisa, unos amigos de nosotros, y que está ocupado. Alberto charla animadamente con una rubia.

Así que ahora no pisoteo los pies de mi novio, sino los de Pedro, lo que, sin embargo, parece no molestarle. Con paciencia me guía y me da vueltas, una especie de juego preliminar. De cualquier manera, nuestros cuerpos empiezan a predisponerse el uno hacia el otro. El ligero olor a sudor que emana de su camisa desabrochada me resulta agradable y también la manera en que sus manos reposan sobre mis caderas. Por la manera en que baila conmigo, una mezcla de precaución, consideración y carga de energía, me percato de que se concentra en mi cuerpo. Cómo avanza hacia él y se frena. Cómo lo quiere y no lo quiere cuidar. Me viene a la mente mi primer curso de baile de salón: cómo los muchachos, en particular los que bailaban mejor que sus parejas, querían mostrarse paternales y seductores al mismo tiempo. Cómo se acercaban y se alejaban de uno y querían incluir en una misma frase comentarios amables e instructivos. Ahora Pedro me atrae hacia sí.

—Tu ex novio nos mira con enojo —me susurra al oído. Por un momento pienso si ha descubierto mi juego y si tal vez lo encuentra particularmente excitante. Pero Pedro me suelta y me mira honestamente turbado.

—*Don't worry* —le digo. Cuando el olor a sudor de un hombre me gusta, simplemente ya es demasiado tarde. A veces me encuentro frente a mí misma casi con tristeza, mientras se repite lo de siempre en el mismo orden irremediable. Hasta que finalmente la droga empieza a actuar de tal manera, que ya ni siquiera puedo hilvanar pensamientos tristes. Ahora los robots de Pedro y de Nessie se besan tiernamente en la puerta que da hacia los baños. Me gusta el sabor de su saliva.

—Nos podemos ir un rato. Renato se puede quedar solo en el bar… —murmura Pedro en mi oreja húmeda.

—¿Quién es Renato? —digo despreocupadamente.

—¡El otro cantinero, el que hace rato bailó sobre la mesa con saco rojo!

Pedro suena sorprendido. Vagamente me acuerdo del tipo pequeño, o nervudo y medio calvo, que tras el tercer gol definitivo del equipo brasileño bailó sobre la mesa. Ya sólo tenía ojos para Pedro.

Pedro acaricia mi cuello y me atrae hacia sí.

—Ven, vamos a la cocina, ahí estaremos solos…

Con pies ligeros paso detrás de él por la puerta giratoria con placas metálicas que da a la cocina; un regocijo en mis tendones de Aquiles. Disimuladamente observo el cuerpo de Pedro, grande y musculoso. En la cocina, Pedro rodea con sus brazos mis caderas por detrás:

—Creo que deberíamos ir atrás, a la bodega.

A mí me da igual. Lo sigo. Hay tantas hormonas y caipirinhas en mi cerebro. La bodega no es para nada incómoda, está bastante vacía, salvo por algunas mesas y sillas y un anaquel al fondo. Pedro va hacia el anaquel y saca de ahí tres toallas. Luego las extiende sobre el piso. Nos miramos. Números van y vienen, pero todavía me ataca esa pequeña chispa de inseguridad. Tiemblo. Pedro rodea mis caderas con sus brazos y cierra los ojos. Nos besamos largamente y luego me desvisto con rapidez para superar la última chispa de duda; una pequeña fuga hacia delante. Sobre mi apretada camiseta, que todavía tengo puesta, su miembro rígido se desliza hacia arriba y hacia abajo; luego, por debajo de la camiseta, en mi ombligo. Garabatos húmedos sobre mi carne. Me sobreviene ese amor instantáneo, ese sentimiento íntimo de afecto hacia alguien sin el cual no puedo acostarme con nadie y que sólo surge del momento y que, cuando vuelvo a estar sola, no es más que una columna de humo estática, que se congela en el aire, en un cielo que apenas un momento antes estuvo iluminado por el fuego. Sólo basta recordar: la lírica amorosa del bachillerato.

Jadeamos en cortos intervalos el uno hacia el otro y la imagen que tengo todo el tiempo en mi mente y que me excita más y más no es la de su pene recubierto por un delgado hule negro, en el momento en que penetra en mí, tampoco la de su mano mojada que saca de mi interior, ni la de sus labios y sus dientes sobre mis pezones, sino la de sus manos cuando antes, en el mostrador, arrojaron al aire la botella de champaña en ese gesto espontáneo, mucho menos calculado que todo lo que ahora llevamos a cabo; ese pequeño gesto de energía desbordada. De la misma manera como antes bajé el cierre de mi pantalón, ahora lo subo. De la misma manera también, cuando llegue a casa, abriré el cierre de mi pequeña cartera de útiles, sacaré un lápiz y anotaré el nombre de "Pedro" en mi cuaderno. Un cien de plomo puro.

© Aufbau-Verlag GmbH, Berlín 2001.

TERCERA PARTE
HABITANTES

MI PORTERO

Julia Franck
Traducción de Claudia Cabrera

LA PUERTA ES TODA DE VIDRIO, cubierta con persianas de tela que impiden mirar hacia adentro. El taxista insiste en llevar mi maletita hasta la puerta. Le pongo el dinero en la mano y espero a que vuelva a subir a su automóvil. Enciende el motor, pero no se va. Me asomo para ver si tiene dificultades. Me está observando. Espera a que entre en el edificio. Quizás le preocupa mi seguridad. Toco el timbre y espío hacia el interior. Una luz de neón atraviesa la tela, veo que mi pantalón se ensució durante el viaje. El taxista espera. Toco por segunda vez. El cerrojo suena y empujo la puerta, tirando de la maleta detrás de mí. Las ruedas de la maleta y mis zapatos rechinan sobre el linóleo. Me doy vuelta. Las luces traseras del taxi desaparecen en la oscuridad.

—Buenos días.

—Buenas noches.

Un hombre de edad avanzada se asoma por la ventana de la portería. La ventana tiene un mostrador pequeño en el que se encuentra un plato. El portero coloca su sándwich sobre el plato y baja el volumen de un radio o de una televisión.

—Reservé un cuarto.

—¿Perdón?

—Reservé un cuarto, me apellido Friedrich.

El portero me mira fijamente.

—Lo siento, pero me temo que no tengo ningún cuarto para usted.

—Está reservado...

—¿Puedo preguntar con quién hizo la reservación?

—No sé cómo se llame, no me fijé en su nombre. Fue hace algunas semanas.

—Lo siento —el viejo baja los ojos, como si se avergonzara—. No tengo cuartos, todo está ocupado.

Me río.

—Imposible, en un lugar tan grande. No puede estar todo ocupado, debe tener cuartos para casos urgentes.

—Precisamente. Hemos de tener cuartos disponibles para urgencias. ¿Es usted un caso urgente?

—No. Pero hice la reservación. Mañana por la mañana comienza mi tratamiento. Aquí, espere un momento...

Pongo la maleta sobre el pequeño mostrador que nos separa y la abro.

—Por favor, no haga eso aquí.

—¿Cómo dice?

—Aquí no. ¿Ve esos asientos? ¿Podría ir allá?

—Pero sólo me va a tomar un momento, aquí...

—Quisiera que fuera allá.

Sacudo la cabeza, su voz es delgada y penetrante, y porque está viejo tomo mi maleta abierta, impido que se salgan las cosas y la llevo a los asientos de color marrón amarillento. La tapicería debe haber conocido tiempos mejores. Volteo a ver al viejo portero. Lleva unas gafas redondas y una barba angosta y larga. Sus cabellos también son blancos. Tiene orejas gachas y me parece que me está espiando, aunque trata de disimular. Ha vuelto a tomar el sándwich, oprime el botón de un control remoto. Escucho silbidos y porras. En sus gafas se refleja una luz. El televisor debe estar en la esquina de la portería que no alcanzo a ver desde aquí. El portero mastica despacio, se puede escuchar la saliva pasando entre sus dientes. Está sentado muy erguido y sin pestañear, a pesar de que las voces en la televisión son cada vez más fuertes y amenazan con ahogar el ruido que hace al masticar. Encuentro una pequeña hoja de papel en la que está anotado el programa de mi tratamiento y me dirijo hacia él con la hoja en la mano.

—Aquí —pongo la hoja sobre el mostrador. El portero sigue sentado inmóvil, como si no me quisiera escuchar y mira fijamente la pantalla.

—El programa empieza mañana temprano.

El hombre asiente, pero no desvía la mirada del televisor, comienza a masticar otra vez.

—Por favor —mi voz se vuelve suplicante—, revise sus documentos, algo debe haber.

El portero sacude la cabeza. Mastica como un animal, mordisquea, con mucha saliva y traga.

—Ya revisé, no hay nada.

—Perdone usted, pero no ha revisado nada mientras he estado aquí. Debe tener alguna computadora o alguna agenda...

—Ciertamente. Pero ahí no hay nada. Ya se lo dije. No tengo que revisar nada. Sé lo que hay en la agenda. Orden. Nada más.

—¿Y la computadora?

—Ya ve usted que está apagada.

—Claro. ¿Podría encenderla?

—Ciertamente, podría —el portero toma un trago de café de una taza de metal—. Pero no serviría de nada. Tampoco en la computadora hay nada que yo no sepa, señora... ¿o señor? Disculpe usted, recuerdo que su apellido es Friedrich, pero ¿señora o señor Friedrich?

—Eso se ve.

—¡No se figura usted lo que uno ve! ¿Señora? ¿Señor? Hoy día ya no se puede confiar en eso. Tengo que estar seguro. La seguridad se escribe aquí con mayúsculas. Yo soy responsable de la seguridad de este lugar. También de la suya, mientras se encuentre aquí.

Toma un trago de café.

—Escuche usted. Estoy viajando desde las cuatro de la mañana, son ya las once y media. Por favor. Tiene que tener este cuarto.

—¿Éste? ¿De cuál cuarto habla? Por supuesto que tenemos un cuarto. Pero no se lo puedo dar. ¿Se podría tranquilizar? Estoy haciendo mi trabajo.

—No puedo buscar otro cuarto en plena noche. Además, ya tengo uno. Con ustedes. Incluso di el número de mi tarjeta de crédito. Quizás incluso ya lo hayan cargado a mi cuenta.

—No se altere. Ya le dije que está todo ocupado.

214

—Menos los cuartos para casos urgentes.

—Sí, menos los cuartos para casos urgentes. Pero usted no es un caso urgente.

—¿Cómo lo sabe?

—Usted no dijo nada por el estilo. Y si me permite la observación, tampoco se ve como si lo fuera.

—¿Y cómo se ve un caso urgente?

—Oiga, si hasta eso le tengo que decir....

—Por favor.

—Pero si eso lo sabe usted. No se lo tengo que explicar.

El hombre se mete a la boca el último bocado de sándwich y baja el volumen del televisor. Cuando mordisquea así, su barba se mueve para arriba y para abajo. No hay una sola migaja en ella. Probablemente haya practicado durante décadas el arte de comer con barba. Tengo que bostezar, pero no me tapo la boca con la mano. Quiero que note lo cansada que estoy.

—Me gustaría ayudarla, de verdad. Voy a tratar de complacerla —dice y saca el manojo de llaves de la cerradura, abre la puerta de su pequeña portería y la cierra por fuera—. Voy a ver si hay alguien en los cuartos para los casos urgentes.

—¿No lo sabe?

—Es difícil llegar a mantener el control sobre los casos urgentes. Usted se lo podrá imaginar. Espere ahí.

Señala los asientos de color marrón amarillento en los que está mi maleta y sube las escaleras con pasos breves y viejos. Me siento junto a mi maleta.

La manecilla del reloj grande, que puedo ver a través de la ventana de la portería, sigue avanzando.

Escucho un timbre y me inclino a un lado para ver si es el teléfono. Después de todo, no sé cómo suenan aquí los teléfonos. Toca una segunda vez, pero me parece que tardó demasiado para ser un teléfono. Se escuchan golpes sordos en un vidrio, en la ventana de la puerta. Me dirijo hacia la puerta y distingo una pequeña silueta. El rostro de un niño aparece entre las capas de tela. Trato de distinguir a otras personas, las que deben venir con el niño. Pero parece estar solo. La puerta está cerrada. No importa cuánto la jale y la sacuda, permanece fuertemente cerrada. El niño se da vuelta. Toco en la ventana, le quiero dar a entender con señales que pronto vendrá alguien y lo dejará entrar. Pero el niño está sentado en el pequeño escalón dándome la espalda.

Escucho los pasos cortos del portero bajando la escalera.

—Están tocando.

—Lo escuché, por eso bajé.

Pasa junto a mí.

—¿Y? ¿Encontró algún cuarto para mí?

El portero no me contesta. Quizás no me oyó. Abre su pequeña portería y escucho el zumbido de la puerta de entrada. Al niño le cuesta abrir la pesada puerta. Corro a ayudarlo. Tiene una maletita que se parece mucho a la mía, pero mucho más pequeña. También al niño le deben haber dicho lo que tenía que traer. Se para frente a la ventana y pone ambas manos en el mostrador, frente a su pequeño rostro.

—Soy un caso urgente.

Su voz es queda. Casi estoy dispuesta a creerle. Si no sonara como una fórmula que se ha aprendido de memoria.

El portero asiente. Escucho un tintineo. Sale de su portería, toma la maletita del niño y sube la escalera. El niño lo sigue.

—Escuche —carraspeo—. Hola, escuche.

Pero el portero no escucha, sus pasos se alejan cada vez más. Mis ojos se sienten pesados. Podría correr detrás del portero y pedirle que me llevara con él. Pero sus pasos no se escuchan ya, no lo encontraría. El edificio es muy grande, a mi llegada apenas pude distinguir su contorno en la oscuridad, tan alto se eleva al cielo, tan profundamente se pierde en la distancia. Los ojos se me cierran. Cuando los vuelvo a abrir, prácticamente todo sigue igual, sólo la manecilla del reloj ha avanzado. Escucho un mordisqueo, me enderezo para echar un vistazo a la portería y distingo las carnosas orejas gachas del portero. Se mueven. El portero mordisquea. Me enderezo otro poco. Mordisquea otro sándwich.

Tomo mi maleta y me dirijo hacia la puerta de vidrio. La empujo. Está cerrada.

—¿Podría abrir la puerta? —grito hacia la portería.

—¿Por qué? —susurra el portero.

—Tengo sueño. Usted no me quiere dar un cuarto...

—No puedo. Ya se lo expliqué muy bien... —El portero pasa el bocado.

—Entonces, por favor abra la puerta.

—Tampoco puedo. Verá usted, si su tratamiento empieza mañana, no puedo dejarla ir.

—¿Qué?

—No puedo dejarla ir. Aquí todo tiene un orden. Y no sólo me atengo a él, sino que, en cierto modo, vigilo que se cumpla. Señora, ¿señor?, usted dijo que su tratamiento comienza mañana.

—Sí, pero usted no me quiere dar un cuarto.

—Se lo daría, si lo hubiera reservado o si fuera un caso urgente. Créame que quisiera ayudarla. Si tan sólo pudiera.

Alza los hombros y me mira con pesar. Sacudo la puerta. El portero inclina la cabeza y no me pierde de vista. Gritaría, si con eso lo asustara, lloraría, si con eso provocara su compasión, pero me temo que sólo conoce su orden.

Pongo mi maleta en el suelo, me siento sobre ella y trato de mirar hacia la calle a través de las persianas de tela. Quisiera agarrar al hombrecillo por el pescuezo, arrancarle las carnosas orejas, morderle la cabeza. Entre más fijamente miro la oscuridad, más logro distinguir. Quiero dormir sentada sobre mi maleta, dejar de oír cómo mastica, olvidar al portero, dormir hasta que amanezca y se decida a dejarme ir. Recuerdo las palabras del niño y las repito, quedamente, pero de manera que el portero me pueda escuchar:

—Soy un caso urgente.

EL CELULAR*

Ingo Schulze
Traducción de Liane Reinshagen Joho

LLegaron en la noche del 20 al 21 de julio, entre las doce y las doce y media. No habrán sido muchos; cinco, seis tipos quizá. Sólo escuché las voces y el escándalo. Es probable que ni siquiera se hayan dado cuenta de que había luz en el bungalow. El dormitorio da hacia atrás y las cortinas estaban cerradas. Era la primera noche sofocante en mucho tiempo y el principio de nuestra última semana de vacaciones. Había estado leyendo a Stifter, *De la carpeta de mi bisabuelo*.

A Constanze la habían citado por telegrama para que se presentara el martes a las ocho de la mañana en la redacción del periódico en Berlín. Al parecer su secretaria había soltado nuestra dirección. La serie sobre los lugares favoritos de Fontane amenazaba con interrumpirse, porque los artículos prometidos faltaban o no llegaban a tiempo. Ésa es la desventaja de no ir de viaje más lejos. Los dos —yo trabajo en la sección de deportes y Constanze en el suplemen-

---

*Este cuento se publicó por primera vez en el diario *Frankfurter Allgemeine*, el 13 de enero de 1999.

to cultural— nos la pasamos casi todo el año en viajes y no tenemos ganas de pasar también nuestras vacaciones en hoteles o esperando en aeropuertos. El verano pasado rentamos por primera vez este bungalow: veinte marcos al día, cinco por cinco metros de superficie, en Prieros, al sureste de Berlín, justo a 46 kilómetros de la entrada de nuestra casa. Es un terreno en esquina con dos lados que dan a un bosque de coníferas, ideal en temporada de calor.

A solas era raro. No es que tuviera miedo, pero le prestaba atención al ruido de cada rama que caía, de cada pájaro que cruzaba el techo a saltitos, de cualquier crujido.

Sonó como a disparos cuando los tipos rompieron a patadas los maderos de la cerca, y luego su griterío.

Apagué la luz, me puse unos pantalones, fui al frente del bungalow —la persiana exterior siempre se queda abierta de noche. A pesar de eso, no vi nada. De repente se escuchó un ruido sordo. Algo pesado se había caído. Gritaban. Quise prender la luz exterior para mostrar que aquí había alguien, para que esos idiotas no creyeran que pasaban inadvertidos. Un par de veces se volvió a escuchar un estruendo y luego siguieron de largo.

Hasta en las piernas sentía el sudor. Me volví a lavar. Desde la cama abrí la ventana. Afuera había refrescado un poco. Casi ya no se oía a los tipos. Por fin todo volvió a la calma.

Por la mañana, a las siete, sonó el celular. Sonar realmente no es la expresión adecuada. Es más bien un "tirilí, tirilí", cuyo volumen siempre va en aumento y que me es grato y familiar, porque anuncia a Constanze. Sólo ella tenía el número.

Mientras Constanze me hablaba de lo insoportable del calor en Berlín y de por qué no la había prevenido de ir a esa ciudad antisocial, salí con el celular a la soleada y silenciosa mañana a ver la devastación. Tres segmentos de la cerca estaban tirados en el camino. Habían quebrado casi al ras de la tierra el poste de concreto de en medio y lo habían derribado. Del tronco restante sobresalían dos varillas de acero torcidas. Junto a la entrada los escandalosos habían torcido el portaperiódicos hacia abajo. Justo debajo de éste encontré el techo y lo que había sido el fondo de la pajarera. Conté siete maderos quebrados y cuatro que habían sido arrancados. Constanze decía que apenas ahora se daba cuenta de toda la bajeza del telegrama. Que realmente no debí permitir que se fuera. Para no inquietar a Constanze —a ella la invade con facilidad la sensación de que esto o aquello es de mal agüero—, me callé la visita nocturna. De cualquier manera, habría sido difícil interrumpirla. Inclusive a nuestros antecesores del bungalow les tocó su parte por haber sacado el fusible sin pensar en el refrigerador medio lleno y además porque no había habido suficiente ropa de cama. De repente Constanze soltó un grito, dijo que tenía que salir corriendo, que me amaba y colgó.

Me volví a meter en la cama. Claro que la devastación no era nada que debiera tomar como algo personal y su explicación también era relativamente sencilla. Los casi dos mil metros cuadrados de tierra que pertenecen al bungalow son arrendados. Para el dos mil uno, a más tardar el dos mil cuatro, se acaba el contrato, nuestras amistades tendrán que irse, el periodo de transición termina. Por eso hace años que ya no le invierten nada. En las partes donde la madera ya está demasiado podrida para clavos, la cerca está unida con alambre.

El otoño pasado Constanze había escrito un artículo sobre la policía de Nueva York, sobre su nueva filosofía. Me acordé del ejemplo del automóvil, que lleva semanas sin usarse estacionado al lado de la banqueta. La basura se acumula a su alrededor. Debajo de los limpiaparabrisas hay volantes publicitarios descoloridos. De pronto, una mañana falta un neumático, dos días después desaparecen las placas con la matrícula y los neumáticos restantes. Luego rompen un cristal y ya no hay quién detenga el proceso. El auto estalla en llamas. Conclusión: para empezar, no debe haber zonas descuidadas. Con una cerca bien cuidada nada de esto hubiera sucedido. Después podrían rompernos los vidrios de las ventanas. Me alegraba que a Constanze no le hubiera tocado vivir esto. Juntos probablemente habríamos cometido una imprudencia o Constanze habría estado deprimida durante días.

Cerca de las diez me levanté para quitar del camino los pedazos de la cerca. Al levantar el primero, se rompió. Con los clavos salidos, los postes parecían el arsenal de armas de Tomás Müntzer. Primero los junté todos en un montón. Luego los fui llevando al cobertizo. Dejarlos tirados ahí, al alcance de cualquiera, me parecía demasiado arriesgado. Quizá exageraba. Pero el hecho era que ahora ya ni siquiera una barrera simbólica protegía el bungalow.

En esta situación sí me resultaba consolador ser dueño de un celular. Incluso, en los últimos días me había familiarizado más con el celular, porque me había traído a Prieros el sobre resguardado por Constanze, en el que está toda la documentación, y por fin había aprendido cómo guardar números y cómo activar el contestador de llamadas, para darle la sorpresa a ella.

Me sobresaltó el "¡Hola!" de una voz de hombre. De estatura mediana, chanclas de baño y suéter, estaba de pie junto al portón y preguntaba qué destrozos habían hecho los escandalosos.

A su cerca le faltaban dos maderos.

—Una cerca reforzada —dijo—. ¿Sabe cuánta fuerza se necesita para eso?

Para él lo peor fue la abolladura en el cofre de su Fiat Pinto. Había buscado por todos lados el proyectil, pero no había encontrado nada. Su peinado de erizo se levantaba cual gorro de piel sobre la frente.

—Siempre sucede esto durante las vacaciones —dijo—. Pura gente joven. Siempre durante las vacaciones.

Lo llevé a dar una vuelta. Se tomó muy en serio su inspección, incluso se acuclilló varias veces como si buscara huellas. Todavía encontró algunas partes de la pajarera y volvió a poner en posición horizontal el portaperiódicos. Luego me ayudó a llevar los restos de la cerca al cobertizo. Ya la noche anterior había hablado a la policía y evidentemente no los había dejado en paz hasta que prometieron mandar a alguien.

—Dése cuenta —dijo—, para ellos éstas son nimiedades. Tienen tan poca gente, tan poca gente.

Le pareció interesante lo que le conté de la policía de Nueva York, y le prometí mandarle el artículo de Constanze.

—¿Me da el número de su celular? —me preguntó de repente.

—¿El número de mi celular? No me lo sé.

Al fruncir el ceño, las cerdas de su pelo bajaban aún más, de modo que las primeras apuntaban hacia mí.

—Tengo que buscarlo —le dije y pregunté qué pensaba hacer si los tipos de veras regresaban.

—Antes que nada, comunicarme —me contestó apenas, como si temiera quitarme el tiempo innecesariamente.

En el bungalow tomé el sobre y me senté sobre la cama. Nunca había querido tener un celular, hasta que Constanze tuvo la idea de un celular unidireccional. Hacer llamadas, sí; recibir llamadas, no, exceptuando las de ella, por supuesto. Incluso si hubiera querido darle el número a alguien —ni siquiera me lo sabía—, habría tenido que preguntarle a Constanze. Pero ahora el sobre con toda la documentación ya no se encontraba en el cajón de su escritorio sino sobre mis rodillas.

Al copiarlo, noté que nuestro número terminaba en 007.

—Por cierto, me llamo Neumann —dijo y me extendió un recibo de caja registradora en el que había garabateado su número telefónico. En ese mismo instante sonó su celular. Me saludó de prisa y se marchó.

En la redacción básicamente todo había salido mal. Constanze tenía que quedarse en Berlín al menos hasta pasado mañana. Dijo que por las deportaciones también había broncas internamente en la redacción del suplemento. Yo ni siquiera sabía de qué deportaciones me estaba hablando. No habíamos escuchado la radio, porque faltaba la tecla de frecuencia modulada.

Constanze seguía furiosa y opinaba que los señores no sabían qué hacer consigo mismos después de la copa mundial, y que por eso se daban esos aires.

Le conté lo de la noche anterior. Sólo dijo: —Pues entonces ven.

—Sí —le contesté—, mañana.

No quería parecer cobarde. Además el calor se aguantaba mucho mejor acá.

Me puse a ordenar el bungalow. Por si de veras llegaba la policía, no fueran a pensar que daba lo mismo que tiraran aquí algo a patadas o no. De ninguna manera debía olvidar decirles que el terreno era alquilado, un terreno de Occidente. Al final, barrí la terraza.

En la tarde también hablé con otros del vecindario. Acordamos dejar prendidas durante la noche todas las lámparas disponibles. Colocamos nuestros automóviles de tal manera que los faros se dirigieran a la cerca, para poder deslumbrar de repente a los tipos y quizá fotografiarlos. Seguimos la consigna: gente. Ruido. Luz. Entre los habitantes de los bungalows se había creado una solidaridad al estilo del viejo Oeste. La policía nunca se apareció, lo cual no sorprendió a nadie.

Por algo parecido al agradecimiento, marqué el número de Neumann. El pensar en comunicarme con alguien vía satélite, es decir, estar unidos a través del universo, ya en otras ocasiones me había parecido fascinante. Que fuéramos vecinos a menos de trescientos metros de distancia sólo hacía que esto resultara aún más fantástico. En lugar de Neumann escuché a una mujer anunciar que mi llamada sería transmitida a un sistema automático de correo de voz. La voz dijo:

—Este es el buzón de... —después de una pausa escuché una voz que, perdida entre las galaxias, daba un nombre: Harald Neumann. La piel de gallina me subió de los brazos a los hombros. No se me ocurría ninguna situación en la cual hubiese escuchado a alguien pronunciar su propio nombre con tal desaliento. Claro que hasta los amigos, la mayoría de las veces suenan consternados o solitarios en su contestador de llamadas. Pero Neumann no sólo sonaba perdido o abandonado, sino como si se avergonzara incluso de tener nombre.

Poco después hubo una breve tormenta. Vi a Neumann salir del bosque con una canasta llena de hongos. Desde lejos exclamó: "¡Como remolachas!" Y se refería a que con un tiempo así se podía recoger hongos como si se cosecharan remolachas. Me invitó a comer.

Comparado con nuestra covacha, su bungalow era un pequeño palacio con televisor, equipo de sonido, sillones de cuero y dos sillas de bar. Neumann sirvió vino tinto y pan blanco con los hongos. Después jugamos ajedrez y nos fumamos una cajetilla entera de cigarrillos. No parecía haber conexión alguna entre el Neumann sentado frente a mí y el que recitaba su nombre para el buzón de voz. A pesar de eso, evité preguntarle por su familia o su trabajo. Y él por su parte no hizo ningún comentario al respecto.

Sobre el lago, las nubes se teñían de rosa al anochecer. Preparé la linterna grande y dejé el número de Neumann a la mano.

Después de las diez, los rayos destellaban con la regularidad de la luz de un faro. Siguió un aguacero. Para entonces me quedaba claro que nadie vendría esa noche.

Al día siguiente empaqué todo, pasé una vez más el trapo por toda la casa y me despedí de los vecinos. No encontré a Neumann. Probablemente estaría otra vez en el bosque. No creo que acá la gente se haya quedado con la impresión de que yo era un cobarde. Podían ver que Constanze ya no estaba, así que resultaba creíble lo que les decía. Resultó difícil la conversación telefónica con nuestras amistades, nuestros arrendadores. Querían que me ocupara de la cerca. Decían que en el desván quedaban maderos. Pero ya le había dedicado toda una mañana al refrigerador y eso era más que suficiente.

A finales de septiembre sonó el celular a media noche. Primero pensé que era el sonido que anuncia que la batería está descargada. Sin embargo, era el tirilí que cada vez sonaba más fuerte. En la oscuridad tanteé la mesita de noche de Constanze.

Con la yema del índice recorrí las teclas. Necesitaba la de en medio de la segunda fila desde arriba. El volumen del timbre ya era insoportable.

—Otra vez están aquí los tipos. Están armando un lío —gritó. Y después de una breve pausa—: ¿Hola? Habla Neumann, otra vez es un escándalo ¿lo escucha?

—Si ni siquiera sigo ahí —le contesté por fin.

—¡Cómo le están dando!

Del lado de Constanze se encendió la luz. Ella estaba sentada en la orilla de la cama y negaba con la cabeza. Con la mano que me quedaba libre tapé la bocina.

—Un vecino de Prieros.

Sentía el sudor en cada poro. Nunca mencioné el intercambio de los números, porque de todos modos no volveríamos a Prieros, al menos no al mismo bungalow.

—¿Está usted solo?

—Alguien tiene que defender la posición —decía Neumann—, ¿no?

—¿Está usted solo?

—¿Que si pasó algo? Si no, no estaría... Están tronando mi cerca estos tipos de mierda.

—¿Ya le habló a la policía?

Neumann soltó la carcajada, bebió y se atragantó.

—¡Qué ocurrencia…!

Nunca le envié el artículo de Constanze sobre Nueva York.

—¿Qué quiere? —le pregunté.

—¡Escuche cómo truena!

Apretaba la oreja al auricular, pero en vano.

—Ya están junto al buzón —exclamó—, tienen que echarle ganas. Ni siquiera entre dos lo logran estos hijos de su tal por cual. Pero ya verán. Ya estuvo bien…

—Quédese donde está —le grité.

Constanze estaba en el umbral de la puerta y se tocaba la sien insinuando que estaba chiflado. En el vestíbulo dijo algo que no entendí.

—¿Hola? —preguntaba Neumann.

—Sí —decía yo. ¿O se refería a los tipos del cerco?

—¡Quédese adentro! ¡No se haga el héroe!

—Se fueron —dijo sorprendido—. Ya no se ve a nadie…

Otra vez parecía dar un trago.

—Y, por cierto, ¿cómo le va? —me preguntó.

—Quédese en casa —le dije—. No debe salir solo, quizás el fin de semana, ¿me oye? ¡Pero no entre semana!

—¿Y cuándo vuelve a darse una vuelta por aquí? Todavía tenemos un juego pendiente ¿o quiere jugar una partida de ajedrez a distancia? ¿Me da su dirección? Sequé hongos, tengo un saco lleno de hongos.

—Señor Neumann —dije, y no supe cómo seguir.

—¡El bote! —gritó de repente—. ¡Mi bote de la basura!

—¡Tranquilícese! —le dije. Un par de veces repetí "¿Hola?" y "¿Señor Neumann?" Luego sólo se escuchó el tono intermitente y en la pantalla decía: comunicación concluida.

Constanze volvió al cuarto, se acostó de su lado con la cara hacia la pared y cubriéndose con la cobija hasta los hombros. Traté de explicarle todo, que primero había vacilado, pero luego incluso había sentido alivio de poder llamar a un vecino para pedirle ayuda en caso de emergencia. Constanze se mantenía inmóvil. Le dije que me estaba preocupando por Neumann, pero que no tenía su número, que se había quedado en el bungalow, en la bandeja con las llaves.

—A lo mejor vuelve a llamar —respondió—. Volverá a suceder y más seguido. Pero tú no le has dado el número a nadie...

Creo que en momentos así estamos tan decepcionados el uno del otro que nos odiamos.

Fui a mi estudio para traer el cargador del celular. Cuando regresé me dijo:

—¿Por qué no hablas a "Información"?

—Ni siquiera sé cuál es el nombre de pila de Neumann —no mentía. Pero en el siguiente instante escuché de nuevo esa voz inverosímil que pronunciaba su nombre para el buzón de mensajes: Harald Neumann.

—¿Y si él le da el número a alguien más? —Constanze se volvió y se apoyó para enderezarse.

230

—¿Por qué habría de hacerlo?

—¡Imagínatelo!

—Constanze —le dije—, ésas son tonterías.

—Sólo quiero que te lo imagines —se volvió a subir el tirante del camisón que se le había caído del hombro izquierdo. Pero no se sostenía ahí.

—¡Cuánta gente podría llamarnos! —decía—. ¡Todos vecinos como ése!

—Nuestro número está en el directorio telefónico, es un número común y corriente. Cualquiera nos puede hablar.

—No me refiero a eso. Una casa se incendia o hay un bombardeo. Alguien sale corriendo con nada más que su celular, porque por casualidad lo tenía en el saco o en la bolsa del pantalón. Con ése puedes hablar ahora.

Enchufé el cargador en el contacto junto a la cama.

—De hecho eso puede suceder —decía Constanze. Volvió a tener su tono de docente—. Te habla alguien de Kosovo o de Afganistán o de donde hubo esa marea viva. O uno de esos que se congelaron en el Everest. Puedes hablar con él hasta el final. Nadie lo puede ayudar, pero escuchas sus últimas palabras.

Siguió hablando, apoyada en los codos, con el hombro izquierdo desnudo y mirando fijamente la punta de la almohada que se levantaba un poco.

—¡Imagínate con cuánta gente entras en contacto! Ya nadie tendrá que estar solo.

No tenía sentido hablar al número de información, porque no tenía sentido hablarle a Neumann. Además tenía miedo de que contestara la voz femenina y que luego Neumann volviera a pronunciar su nombre.

En la pantalla del celular aparecía el símbolo de "cargar batería". El contorno de una pequeña pila sobre la cual se desplazaba una barrita inclinada que subía por tres escalones. Fue lo último que vi antes de apagar la luz. En la oscuridad Constanze dijo:

—Creo que en ese caso me divorciaría.

Estaba pendiente de su respiración y de sus movimientos y esperaba el tirilí tirilí. La cortina metálica del puesto de periódicos en la calle ya había hecho ruido cuando nuestras manos se tocaron sin querer. Volvió a pasar una eternidad antes de que nos atreviéramos a acercarnos el uno al otro. Pero luego nos asaltamos mutuamente como hacía mucho que no sucedía, como si el insomnio nos hubiera enloquecido.

No sé cuándo empezó ese tirilí tirilí. Llegaba de algún lugar lejano, quizá como la señal de un avión o de un barco, primero bajito e impreciso. Poco a poco subía el volumen, se acercaba, más y más fuerte, tapando todos los demás sonidos, hasta que por un momento parecía que Constanze y yo nos movíamos sin hacer el menor de los ruidos. Sólo se oía el tirilí tirilí, hasta que, de repente, cesó, y guardó silencio, como nosotros.

LA REACCIÓN

ULRICH WOELK

Traducción de Enrique Martínez Pérez

El sexo perfecto es tan simple.
Una mesa, una pareja, una fecha

Men's Health

UNA DE ESAS TARDES apenas tibias de la segunda mitad de septiembre que anuncian el final inminente e irrevocable del verano, Cornelius Behrendt, quien desde hacía dos días se encontraba en Berlín con motivo del Congreso de Otoño de la Asociación Médica de Alergólogos Alemanes, Grupo Regional Norte, se dirigió a la puerta de acceso de un restaurant en las cercanías de la Puerta de Brandenburgo, donde se había citado con Julia Rauler, a quien había conocido durante la comida del Congreso en el casino de la Clínica Universitaria de Dermatología, sentada a una de las resplandecientes mesas barnizadas, mientras despachaba, harta y un tanto afectada, un platito de ensalada. Desde su salida del hotel, Cornelius experimentaba una singularmente diáfana, casi dolorosa vitalidad, sus pasos eran ligeros como plumas, y sus sentidos parecían absorber esa tarde de ostensible claridad. Le sorprendía sobremanera esta impresión de creciente energía, sobre todo si conside-

233

raba la jornada atroz que tenía tras de sí y, no sin cierta contrariedad, evocó la retahíla de ponencias intrascendentes, si bien típicas de tales eventos, que habían definido sus dos últimos días. Como arena verbal se había colado el tiempo en el interior de la cápsula del programa del Congreso, y los temas de las ponencias —"Alergenos domésticos: ¿qué hay además de ácaros en el polvo casero?", "Sinusitis: patogenia, diagnóstico y terapia", "Prevención primaria y secundaria en la alergología: Estado actual y perspectivas"— terminaron convertidos en un viscoso, mudo e imperceptible transcurso de minutos y cuartos de hora. La única isla memorable en aquel desmesurado mar de ponencias y recesos para el café había sido Julia Rauler. Sentada allá en el casino, con su mirada de elegante vacuidad fija en el plato, llamó en el acto su atención con sus ojos verdes y redondos, su rostro ovalado, sus vistosos, marcados pómulos. Tampoco ella parecía seguir con particular interés las incidencias del Congreso, al menos eso fue lo que infirió Cornelius de la desmayada forma en que picaba su ensalada. Era evidente que no tenía la más mínima prisa por llegar a parte alguna. Y así, luego de sentarse con su bandeja a la mesa de ella, detrás de algunas fintas retóricas, aventuró una crítica ligera aunque digna al agobiante programa del Congreso, ante lo cual, el pálido vacío de sus ojos se cubrió con el brillo de un discreto interés. Y como no queriendo la cosa, Cornelius trazó su propio retrato, tal como él se veía a sí mismo: como un hombre de práctica, no de teoría. Y pensó que acaso ella, la ahora menos fastidiada Julia Rauler, fuera también una mujer de acción, y como tal, discreta y llanamente, una mujer de decisiones rápidas. Sea lo que fuere, había aceptado su invitación a cenar sin dudarlo mucho.

Ahora, poco antes de la hora fijada, Cornelius entraba en el restaurante donde después del receso había apartado una mesa para comer. El lugar era frío y moderno, con paredes color beige y asientos de piel que relucían en un tono metálico oliva claro, sin duda una atmósfera —pensó— absolutamente libre de ácaros, a diferencia de los interiores afelpados y aterciopelados de otros tiempos. Se hizo conducir a la mesa, tomó asiento y miró hacia el exterior la ancha tarde de finales del verano que caía sobre la ciudad y que palidecía poco a poco. Detrás de las altas fachadas de cristal que separaban el restaurante de la calle, las hileras de luces de los autos que pasaban se encogían y extendían como el cuerpo de un acordeón, tocando una música inaudible, la serenata vespertina de la ciudad. La calle se perdía a lo lejos entre los edificios, esa llana vastedad impactaba una y otra vez a Cornelius siempre que se detenía aquí, en esta delgada capa límite entre el cielo y la tierra: Berlín.

Por su aversión a los aspectos teóricos de la medicina, Cornelius, en los inicios de su carrera profesional, se mantenía alejado de los encuentros y congresos en cuestión, pero desde que se había separado de su esposa Renate cinco años atrás y vivía solo, esos eventos vinieron a ser un agradable cambio en su vida de alergólogo. Se movía de un lado a otro, saludando o sosteniendo pequeñas charlas por los simétricos corredores de las sedes y de los hoteles anfitriones de los congresos, se plantaba delante de los exhibidores que mostraban diagramas de evaluación o fotografías de insólitos eczemas o psoriasis, o seguía, en apariencia con atención pero internamente con indiferencia, el curso de las conferencias. Además de esto había adquirido, sin mucho esfuerzo y como quien dice sin mover un dedo, cierta práctica para encontrar siempre una pareja para el lapso de tres o cuatro días que duraban los simposios, una mujer que evaluara los encierros consustanciales a estos eventos como lo que eran: la posibilidad de quedarse, por un tiempo limitado y bien previsible, con algo que ya no parece estar más en nuestros planes, aunque nadie puede afirmar realmente que es mucho pedir: unos instantes de dicha, predecible e intrascendente.

Luego de hojear un poco la carta sin siquiera echarle una ojeada, Cornelius descubrió a Julia Rauler entre el desenfadado andar de los transeúntes, y la miraba ahora por primera vez de cuerpo entero, una mujer sorprendentemente alta y muy delgada, cuyas piernas, sin embargo, eran más bien cortas en relación con el resto de su cuerpo, de suerte que caminaba un tanto encorvada, con hombreras, como si buscara equilibrar la pequeña mácula con su porte un tanto cansado. Entró en el restaurante y, al descubrirlo, una sonrisa apareció en su rostro, que era tan permeable como todo en ella: era imposible saber cuánto de lo que la rodeaba en realidad llegaba a tocarla. Diez años atrás, estimó Cornelius, debió haber sido difícil conseguir su atención, pero ahora que frisaba los cuarenta se había tornado más generosa en este aspecto. La distinguida indolencia de su personalidad, que acaso haya sido alguna vez arrogante, era ahora decididamente cautivadora. Al llegar a la mesa, él se puso de pie y tomó su mano, fría y muy liviana, y le dijo:

—¿Y? ¿Pudo usted aguantar hasta el final?

—Me dio mucho sueño después de la comida —confesó ella, tomó asiento y recibió la carta.

—Soy más bien una espectadora en este Congreso, pero me siento en la obligación de escuchar una que otra ponencia.

Ella —según lo que le había confiado durante la comida— no había asistido como médico al Congreso, sino como representante de una mediana empresa farmacéutica especializada en la producción de medicamentos homeopáticos contra el prurito y la dermatosis crónica. Ella misma, le confesó mientras hojeaba la carta, padecía una ligera alergia a las proteínas que le provocaba un exantema con bastante comezón, a causa de lo cual debía abstenerse de comer pescado, algo que, considerando su origen —era oriunda de Hamburgo— le resultaba particularmente difícil. Y por un momento contempló meditabunda la tarde, como si esa abstinencia obligada le exigiera algunos segundos de anímica digestión. Cuando se retiró el camarero después de tomarle la orden, ella preguntó:

—Y usted, ¿también tiene alguna alergia?

—No —respondió él, al tiempo que advertía una sutil aflicción en su propia voz.

Ella también lo percibió y dijo:

—Parece que lo sintiera como una carencia.

—No propiamente como una carencia —respondió él—, pero las alergias son (por lo menos así pueden considerarse) formas particularmente elocuentes de la sensibilidad. Uno reacciona con potenciado temperamento ante determinadas cosas. A diferencia de un alérgico un no alérgico podría experimentar la sensación de no poder rebasar un determinado nivel de excitabilidad, y esto podría parecer en verdad una carencia, algo así como la falta de un sentido. Dentro de los límites previsibles, una predisposición alérgica quizá sería algo enteramente positivo.

Y pasando del tono semiserio de estas reflexiones a uno más juguetón, en una ironía de sí mismo, añadió:

—Pero todavía no me doy por vencido. Estoy persuadido de que el potencial para una alergia aún subyace en mí. Muchas carreras de alérgicos comienzan de forma completamente sorpresiva.

Guardó silencio un instante y se reclinó un poco hacia un costado, porque un platito de *amuse-gueule* fue colocado delante de él, una galletita de escanda con espuma de hongos, como le aclaró el camarero.

Cuando estuvieron solos de nuevo, Julia reflexionó:

—Yo pienso que los cuerpos son tan sólo concreciones de un ente más general y completo. Nunca comprenderemos del todo lo que llevamos dentro.

Cornelius asintió:

—Así es. Mi primera esposa, por ejemplo (nos separamos hace ya algunos años), poco después de conocernos, desarrolló una alergia a las avispas. Durante su niñez y su juventud no pasó por ninguna hipersensibilidad patógena a piquetes de insectos y por eso se sorprendió enormemente cuando aparecieron los síntomas por primera vez, en un paseo por el bosque. Por ese entonces, yo estudiaba y no era un especialista en alergias, de modo que, con suma impotencia, me vi obligado a mirar cómo después del piquete todo su cuerpo se fue cubriendo de una rubicundez reticular. Fuimos de inmediato al hospital donde le suministraron un antihistamínico, y unas horas después por suerte el problema estaba resuelto.

Se llevó la galletita de escanda a la boca y sintió cómo se le untaba en el paladar, despidiendo un acre y terroso aroma a bosque.

—Después la convencí —continuó luego de haber pasado la galleta—, de someterse a un estudio para detección de alergias. No se sentía del todo bien, y yo la acompañé a su cita. Se le practicaron pruebas cutáneas, yo desconocía entonces este procedimiento, de manera que miré, quizás con una curiosidad exagerada, cómo tuvo que descubrirse el brazo y cómo le inyectaron en la piel una serie de alergenos potenciales. Después, estuvo bastante decaída. Pasado un rato de los distintos puntos de la prueba, hubo uno que surtió efecto, y el área rojiza alrededor de la pequeña herida del pinchazo fue observada por el alergólogo responsable con esa seriedad imperturbable y profesional que esquiva cualquier interpretación del paciente; me temo que yo me comporto ahora de modo semejante. Finalmente le comunicó a mi novia que lo que padecía era una alergia de segundo grado a las avispas, pero a la hora de extenderle su credencial de alérgica, sólo le certificó una alergia de primer grado. Creo que esa degradación la molestó un poco.

Aquí hubo una pequeña interrupción, durante la cual observó a Julia; en su rostro se detenía la suave luz del crepúsculo y era difícil discernir lo que estaba pensando en ese momento. Al poco tiempo les sirvieron los entremeses, él había ordenado *carpaccio* de escorpina con aceite de nuez y pimienta roja y ella ensalada de lechugas con vinagreta de crema de cassis. Él tomo con el tenedor un poco del pescado crudo, que despedía un agradable olor marino, y se lo llevó a la boca. Julia hizo desaparecer la mitad de un rábano detrás del arco de su dentadura.

—¿Se ha casado usted de nuevo en este tiempo? —preguntó.

—No —contestó él—. Se me hace en extremo difícil pasar todos los días con una misma persona. Ya al final, mi esposa y yo nos la pasábamos discutiendo, pero desde que nos separamos, nos llevamos de maravilla. Quizá soy alérgico al matrimonio.

El pescado estaba delicioso; si en verdad hubiere de desarrollar una alergia, que no fuera contra las proteínas.

—¿Y qué me dice usted? ¿Es usted casada?

No —respondió ella—, siempre he apreciado mi independencia. Muchas de mis amigas están casadas y ninguna es feliz.

—Es curioso —comentó él—, pero decididamente el universo entero parece estar compuesto de atracciones y repulsiones. Por lo que veo, las alergias, como padecimientos, son harto elocuentes. Las artes, se dice, son una expresión de su tiempo, pero yo considero que las enfermedades están en condiciones de ofrecer una imagen mucho más precisa de su época. Las alergias pueden ser interpretadas como enfermedades superficiales, de contacto externo. Las alergias son disfunciones del encuentro. El alergeno ataca las funciones defensivas del sistema inmunológico, y este ataque, que escapa de nuestro control, se convierte en parte de nuestras vidas. Tal vez lo que en realidad perseguimos es la pérdida de control por haber proscrito de nuestras vidas todos los peligros. Nos percibimos supercontrolados y sufrimos por la falta de espontaneidad.

El *carpaccio* fue retirado; hecho esto, Cornelius agregó:

—El tema me fascina, como puede usted ver, pero tal vez no debería hablar mucho al respecto.

Ella sacudió la cabeza y dijo:

—Pero, ¿por qué? A mí me agrada escucharlo.

Él miró hacia fuera, y la atmósfera del verano tardío despertó en él la frágil sensación de una energía vital de otro tiempo. Ya en el plato principal —él había ordenado *gnocchi* de maíz a la Umbría acompañados de pechugas de codorniz salteadas, y ella, medallones de cordero en pasta hojaldrada sobre berza rallada—, ella preguntó:

—¿Qué es de su esposa? ¿Descubrió alguna vez si su alergia a las avispas era de primero o de segundo grado?

—Para saberlo, hubiera tenido que sufrir una segunda picadura, pero todo el tiempo trató de evitarlo. Yo siempre tuve por un desatino su aflicción al respecto, porque uno tiene que saber a lo que se atiene. En lo personal supongo que, en el caso de la rubicundez reticular, se trataba simplemente de una dermatosis irritable, pero ella le tenía miedo a la certeza.

—¿Y acaso no es comprensible? Una alergia a las avispas puede también ser mortal. ¿Es posible pasear tan campante por los bosques cuando se tiene esa certeza?

—Sí, quizás tenga usted razón —respondió—. Es de por sí extraño. Puede que sea comprensible querer defenderse del veneno de la avispa, pero ¿qué tienen de malo el polen de abedul, las nueces o la leche de vaca, que algunos cuerpos los rechazan con tanta virulencia? ¿Sabía usted que hace dos mil años los griegos pensaban que la vida era en lo fundamental la mezcla de cuatro jugos cardinales: moco, bilis amarilla, bilis negra y sangre? La salud era considerada por ellos como una mezcla precisa de estos cuatro jugos, mientras que en las enfermedades veían determinados desequilibrios entre ellos. Las combinaciones especiales de jugos vitales, que hoy en día se podrían catalogar como alergias, ellos las llamaban idiosincrasias, mezclas singulares. En la actualidad más bien domina la tendencia a ver en las alergias una especie de castigo por el trato despiadado que le hemos dado a la naturaleza. Siempre es lo mismo: apenas no comprendemos alguna cosa, ya nos sentimos culpables. En cierto sentido me parece mejor la teoría de los griegos, porque ellos no son moralistas. Y de alguna forma tenían razón: todos somos mezclas singulares.

Pasado un rato, ella comentó:

—Yo dudo que alguna vez se pueda descifrar el enigma de las alergias.

—¿Cómo puede usted decir eso? —contradijo. Finalmente vende usted medicamentos contra las alergias.

Ella sacudió la cabeza.

—Si pudiéramos curar las alergias, entonces no necesitaríamos para nada los medicamentos.

—¿Y no piensa usted que sea posible curar las alergias?

—No, si es verdad lo que usted dijo.

—¿Qué fue lo que dije?

—Que lo que en realidad se oculta detrás de las alergias es algo así como el anhelo de contacto físico y de intensidad, de pasión.

Él asintió al tiempo que la miraba.

—Sí, de veras lo creo.

Ella le sostuvo la mirada un momento y dijo enseguida:

—Si usted está en lo cierto, ¿cómo puede curarlas?

Una última tibia noche se tendía sobre la ciudad con su cálido pulso y el tráfico fluía tranquilo por las calles, cuando Cornelius Behrendt deslizaba las pantaletas de encaje color durazno por las caderas de Julia Rauler y, al hacerlo, no sólo ascendía hasta su nariz el dulce, acanelado perfume de ella, sino también, por un instante, el triste aroma de ser humano anónimo que suele imperar en las habitaciones de hotel; mas esa impresión se esfumó y, embriagadora, la perfumada presencia de Julia disipó el gris olor de la habitación como una mañana en tonos pastel. Cornelius decidió auscultar su desnudez únicamente con boca y nariz y sintió que con el periplo de sus labios por su piel había encontrado el tono erótico adecuado. Las yemas de los dedos de ella se posaron tibias sobre sus orejas y sus manos sujetaron la parte posterior de su cabeza cuando Julia lo apretó contra su sexo, donde él permaneció poco tiempo rechazando con mucho tiento la presión de sus manos, para poder continuar enseguida con la exploración, vientre arriba, pasando por las protuberancias de sus pechos, rumbo a sus axilas, que lo atraían con un ímpetu particularmente irresistible, y las que ella abrió gustosa. Tenían un gusto a otoño y a saúco y un poco al olor salobre del mar, como el que habrá flotado a veces en el aire de Hamburgo, y ese gusto le cubrió la punta de la lengua con enjambres de finos aguijonazos cuya intensidad fue creciendo, y comenzaron a arrastrarse por el puente del paladar como un cosquilleo hasta llegar a su garganta. Su garganta se puso caliente y reseca y comenzó a pulsar. Lo acometió el vehemente impulso de hipar, pero por más que se esforzaba por hacerlo, no lograba desencadenar en sí el elemental reflejo, de suerte que su garganta parecía irse llenando más y más con una sustancia extraña. Su tráquea se contrajo y la consiguiente sofocación despertó el miedo en él, pero al mismo tiempo una rara excitación, como la expectación de un regalo largo tiempo anhelado. Se escuchaba resollar a sí mismo y continuaba sin poder hipar y sin poder liberar su garganta de todo aquello que parecía obstruirla. Lo que ocurría con él suprimía todas las instancias de mando que aún pudieran existir en su cerebro. Su cuerpo temblaba, rodó de la cama hasta la alfombra de la habitación, se puso rígido y tembló de nuevo. Se hallaba desamparado, totalmente a merced de la lucha que se libraba en su interior, de esa rebelión de todas las fibras y nervios contra algo que había penetrado en él y que crecía dentro de él. Percibía lo que ocurría a su alrededor como algo muy remoto, los claros movimientos de Julia Rauler se difuminaban, espectrales, por su campo visual, ella hurgaba en su maletín de promotora lleno de tinturas homeopáticas en busca de un medicamento efectivo contra ataques anafilácticos. Cuánta presencia de ánimo, ajena a cualquier sentimiento de ofensa. Ella quería salvarlo, quería redimirlo de todo cuanto lo obstruía: esa vida de médico, de marido fracasado y amante ocasional. Apenas ahora, en su desamparo, creyó sentir que, detrás de esa fachada funcional, él verdaderamente existía. Existía, jadeante y pleno de amor. Y mientras experimentaba todo esto, por su mentón resbalaba agua fría mezclada con ese preparado que Julia le suministraba a su angustiada y contenida manera, aquella manera que ella había colocado como un velo sobre su propia persona. Y desde ese momento, él no deseó hacer más que eso: traspasar ese velo. Le pareció que sería una gran dicha llegar hasta ella. Y se desbordó de esa dicha. Se derramó. Lloró.

SOTA DE CORAZONES*

Christoph Peters
Traducción de Dietrich Rall**

"Hoy día resulta simplemente ridículo pedir ayuda al cielo", pensó Kreutz mirando el periódico arrugado en el asiento de enfrente, el cual mostraba en la primera página cuatro fotografías del cometa secular *Sonderborg*, tres pequeñas y una grande, encabezadas por la pregunta escrita en grandes letras rojas y dirigida al mundo entero: *¿qué nos traerá?*

"El cielo está tan vacío que ya ni siquiera sirve como metáfora, y mucho menos como causa."

A pesar de esto, Kreutz, después de cerciorarse de que nadie lo observaba, tomó el periódico haciendo una mueca exageradamente despreciativa. Se enteró del destino que le esperaba al mundo, al país y a él personalmente durante las próximas semanas. En el mismo momento, durante una fracción de segundo, vio caer vertiginosamente sobre él —demasiado tarde para esquivarlas— cuatro bolas de nieve que surgieron de la oscuridad de una noche de hacía muchísimo tiempo. Le pegaron duro en la cabeza.

* Tomado del volumen de cuentos *Kommen und gehen, manchmal bleiben* (Ir y venir, a veces permanecer, Frankfurt, 2001).
** Revisión de Alberto Vital.

Kreutz escuchó carcajadas lejanas y la sangre que salió de su labio reventado tuvo sabor a cólera. Echó una breve mirada hacia su imagen en la ventana para examinar si su bufanda a cuadros café y gris tapaba por completo su corbata de rayas con los colores blanco y verde de su empresa. Kreutz odiaba tomar el metro.

En principio, así podía leerse en el diario, el *Sonderborg* pasaba a una distancia segura de la Tierra. Sin embargo, la famosa astróloga Isabelle Dewasne partía del supuesto de que traería consecuencias en el mundo entero, como erupciones de volcanes, terremotos e inundaciones. Por otro lado —decía un psicólogo que Kreutz no conocía—, los cometas tenían un efecto sumamente estimulante en la vida afectiva, lo que ya se sabía en la época clásica y en la antigua China. A veces anunciaban —según un jesuita estadunidense experto en temas esotéricos— el nacimiento de hombres importantes: recuérdese a los Reyes Magos que en Oriente seguían al astro llamado de Belén, el cual con toda seguridad no fue más que un cometa.

Kreutz sacudió la cabeza, rió amargamente, casi olvidó las humillaciones de las ocho horas y media pasadas y que vestía un traje azul marino mal hecho, cien por ciento de poliacrílico. Afortunadamente, vivía en una gran ciudad, de manera que en el metro no se encontraba cada día con la misma gente, que a lo mejor, algún día, empezaban a saludarlo a uno.

El doctor Harald Kreutz era germanista, tenía treinta y siete años y desde hacía tiempo hubiera logrado ser catedrático si no le repugnara cualquier posibilidad de ascenso profesional que tomara en consideración otras capacidades que las puramente académicas. Durante los estudios de posgrado se rehusó a participar en las veladas que organizó el profesor Hartmann en su casa, porque no podía beber vino tinto ni soportar a los borrachos. Cuando Hartmann le propuso que escribiera su tesis de doctorado sobre el fundamento científico del ciclo de poemas *Windfracht* de Gotthold Braun, cuyas obras completas él estaba preparando, y por consiguiente un puesto como su asistente, Kreutz rechazó la oferta, no sin agradecérsela. Le dijo al profesor que ya se ocupaba desde hacía algún tiempo de la pregunta de si se podían relacionar los resultados de la investigación cerebral actual con los problemas no resueltos de la teoría de la novela y que sobre ese tema también pensaba escribir su tesis. Como consecuencia, Kreutz tuvo que financiar él mismo su doctorado, trabajando de medio tiempo en el desarrollo de estrategias para un instituto de mercadotecnia. La empresa tenía interés en darle un contrato fijo con un salario muy aceptable, pero de repente Kreutz se dio cuenta, horrorizado, de que el dinero empezaba a desarrollarle senos gordos y un trasero rechoncho, de modo que se despidió. A pesar de las circunstancias adversas, su investigación obtuvo el premio a la mejor tesis de 1996; sin embargo, ningún catedrático de la Facultad se sintió motivado para contratarlo como colaborador científico. Una vez terminada la ceremonia de premiación, la universidad lo escupió como a un hueso de cereza, de manera que, al cabo de cinco meses y a pesar de su parsimonia extrema, otra vez no sabía cómo ganarse la vida. Sin embargo, no estaba dispuesto a traicionar, bajo ningún concepto, las tareas a las que había dedicado su vida. Por el contrario, decidió reducir aun más sus necesidades, ya de por sí poco considerables, y encontrar una actividad que le permitiera, en su tiempo libre, seguir con sus investigaciones sin ser molestado. Pocos días después leyó en los anuncios clasificados del *Allgemeine Zeitung* la oferta de trabajo de la Asociación Aeroportuaria, que buscaba colaboradores confiables con licenciatura o bachillerato, para llevar a cabo los controles de pasajeros exigidos por la legislación. Mandó su documentación y, después de haber pasado todas las distintas etapas de trámites, así como una formación especial de cuatro semanas, fue nombrado *Agente de Seguridad Aérea de la República Federal de Alemania*. Eso fue hace tres años y medio. Desde entonces, Kreutz formaba parte de las personas que cacheaban a las personas debajo de las axilas y en las nalgas, independientemente de su estatus, formación o ingresos. De bolsas de mano, sacaba lápices de labios, espejitos y pulseras, para proteger, de esta manera, a millones de viajeros inocentes de la falta de escrúpulos de unos cuantos individuos. En su trabajo vestía un uniforme con una identificación verde claro pegada en la solapa, para que las personas a las que protegía pudieran quejarse de él debidamente. La mayoría de sus colegas suponían que alguien *con doctorado* tenía que ser un tremendo idiota si se ganaba la vida de esta manera, y lo tra taban en consecuencia. Sus jefes, al contrario, lo consideraban peligroso, porque no eran capaces de imaginarse que un ser humano mentalmente sano pudiera pretender otro objetivo que no fuera el siguiente nivel hacia arriba en el escalafón. Como Kreutz, el único con doctorado en todo el departamento, no daba muestras de ningún comportamiento extraño, debía tener la intención de ocupar sus puestos y lo observaban con especial atención. No obstante, Kreutz soportaba todas las infamias y trabas sin ninguna reacción reconocible, ya que su disertación para el examen de oposición en la universidad avanzaba bien.

Al cambiar de tren, Kreutz dejó el periódico en el asiento, con todo y *Sonderborg*. Como tenía que esperar durante veinte minutos el metro que lo llevaría a casa, subió las escaleras eléctricas para ir del nivel subterráneo al nivel superior de la estación, a fin de echar una mirada hacia el cielo. Probablemente no se distinguiría nada. Delante de él estaba parada una mujer joven. Llevaba un vestido de algodón corto y ceñido sobre unas botas de media altura y vestía, además, una chamarra de cuero color naranja. Kreutz notó que tenía corvas extraordinariamente bonitas. Su cabello estaba casi totalmente cubierto por una sencilla gorra de piel, a pesar de que abril terminaba ya en cuatro días. La primavera era mucho muy fría ese año; también Kreutz optaba, la mayoría de las veces, por ponerse un abrigo y una bufanda. Cuando llegó arriba, no vio ni una sola estrella a causa de las nubes bajas que se tragaban dos tercios de la torre de telecomunicaciones; menos aún distinguía el cometa del siglo, pero ocultó su decepción bajo una fingida actitud pensativa, ya que ahora la mujer lo miraba fijamente. Sus ojos eran tan negros que Kreutz los confundió momentáneamente con el claro cielo nocturno que había esperado ver, y por poco pierde el equilibrio. Se preguntó por qué ella tendría en sus manos una baraja muy gastada. Viéndolo bien, *Sonderborg* no le interesaba. Estaba parada frente al horario de trenes y daba la impresión de buscar una conexión específica. Su mirada saltaba de un lado a otro entre la red del ferrocarril, la cara de Kreutz y los naipes que ordenaba de manera vertiginosamente rápida, siguiendo un sistema aparentemente rígido que Kreutz no captaba. A pocos pasos, tres señoras ya ancianas, que llevaban colgadas de las orejas y alrededor de sus cuellos una gran cantidad de monedas de oro, sostenían una conversación seria en un idioma extranjero, probablemente eslavo. No miraban de manera ostensible a la mujer de las cartas, así que Kreutz abrigó la sospecha de que detrás de eso se ocultaba un acuerdo o quizás hasta un complot que tenía que ver con él. Sin embargo, rechazó inmediatamente la idea, ya que nadie podía ni remotamente sospechar que él se encontraría exactamente esa noche, cerca de las diez y veinte, en ese mismo andén para observar un cometa que no tenía ninguna importancia. Hasta unos minutos antes, ni él mismo lo sabía y, con excepción del día de hoy, siempre iba, después del turno de noche, directamente de la estación de la línea ocho a la estación de la línea cinco. Durante la espera, siempre leía, como lo hizo antes en el tren, porque la vida era breve y con la última página de cada libro seguía aumentando el número de preguntas abiertas. Kreutz se sentó, a sabiendas de que con esto el siguiente tren partiría sin él. Los chales multicolores de gruesa lana que las ancianas llevaban en la cabeza hacían tanto juego con sus abrigos baratos como la mostaza combina con el chocolate. Quería ver si se comunicaban con la mujer joven, al menos con la mirada, lo que por supuesto no iba a ocurrir si él no debería enterarse. Ella, entre tanto, había encontrado su conexión y ahora iba y venía, sin perder de vista a Kreutz. Éste suponía que ella jugaba una especie de solitario y que memorizaba, simplemente, la secuencia de los diferentes montones de cartas por medio de su memoria fotográfica. Kreutz pensó: "Hay gente que puede jugar, sola y sin tablero, partidos de ajedrez enteros. Entonces, ¿por qué una mujer joven y altamente dotada no ponía sus solitarios en una mano, en un solo montón?"

Cuando terminó este pensamiento y volvió a mirar, ella había desaparecido. Las tres ancianas reprimían la risa. Kreutz encontró extremadamente embarazosa esa situación en la que se había metido por culpa de un estúpido cometa. Se levantó bruscamente, se precipitó hacia la escalera eléctrica y sin mirar hacia atrás bajó a la estación subterránea. Pese a que hubo de esperar veinte largos minutos, no se puso a leer.

253

Ya de regreso en casa, buscó en los libreros información sobre la cartomancia, como el tarot u otras tonterías, pero sólo encontró la novela *La dama sin corazón*, del oscuro colombiano Federico Escriva. En esta novela, una mestiza vengativa realizaba la tradicional magia sudamericana con la ayuda de una antigua baraja española que uno de sus antepasados había encontrado junto a un conquistador muerto.

Esa noche, Kreutz no durmió bien. Trastabillaba a través de un sistema de túneles color verde veneno, frente a la mirada negra de la joven, que lo observaba desde el fin de cada pasillo. Pero tan pronto creía haber alcanzado esa mirada y tomaba ímpetu para hundirse en ella como se zambulle uno en un lago veraniego, los ojos se desintegraban en polvo de oropel y Kreutz, perplejo, clavaba la vista en la vacía oscuridad del túnel subterráneo.

Al día siguiente, despertó con una sensación completamente diferente a la que experimentaba después de soñar. Ella realmente lo había mirado durante la noche, lo que por supuesto no podía ser, ya que su departamento estaba en el tercer piso y la puerta estaba cerrada con llave. Inútilmente trató de concentrarse en *El yo y su cerebro*.

"Eres bella", susurró Kreutz, para que no lo escuchara ella.

Era muy probable que practicara rituales mágicos con sus naipes, pero éstos sólo tenían efecto en las personas que creían en eso, y él no se contaba entre ellos. Sin embargo, ayer, en el andén, su corazón se había parado cuando la mirada de ella lo alcanzó sin recato y, pese a ello, él no había desviado la suya. Probablemente, ella era simplemente una extraordinaria artista de la memoria y su arte consistía en hechizarlo completamente con sólo mirarlo, sin que él comprendiera en lo más mínimo lo que ella hacía. Además, tales fenómenos tenían que ver con su disertación para el examen de oposición.

Cuando Kreutz se puso su traje de servicio a las once y media —su metro pasaba a las doce—, a causa de los ojos de una joven mujer completamente extraña con la que no había intercambiado ninguna palabra, el oscuro sedimento del fondo de su pensamiento se había agitado de tal manera que todo su discernimiento, inclusive el científico, flotaba en un turbio líquido pardo en el que ya no podía reconocer nada.

En el aeropuerto no había mucho movimiento. Era martes y no habían empezado las vacaciones ni terminaba ninguna feria importante, así que Kreutz pasaba la mayor parte del tiempo parado junto al aparato de rayos X en compañía de sus colegas preferidas, Rosi y Frieda, esperando a los pasajeros. Ambas ya habían visto el cometa *Sonderborg* y estaban muy impresionadas. La energía del cometa ya se notaba claramente en el marido de Frieda. Kreutz no se atrevía a preguntarles sobre los secretos de la cartomancia. Rosi y Frieda confundían su calmada ausencia con una escucha atenta, pues no estaban acostumbradas a hombres silenciosos, ni como colegas ni como esposos. Kreutz se dejó atrapar por la idea de que podía utilizar el lapso entre sus dos metros para observar cómo era el tiempo, el cielo estrellado, si *Sonderborg* andaba por allí, si ella estaba allá arriba e influía en el curso del mundo o si jugaba un solitario. Sacudió la cabeza y refunfuñó, acto seguido el hombre de la corbata estampada con cabezas doradas de Medusa, a quien controlaba en ese momento, lo increpó diciéndole que se trataba de zapatos a la medida, que tenían suelas reforzadas de aluminio y tacones claveteados, pero que, a su nivel, probablemente nunca había oído hablar de tales cosas. Kreutz, consciente de su culpabilidad, sonrió y dijo: "Gracias, eso era todo y le deseo un vuelo agradable", y pospuso su decisión para más tarde. Cuando subió al autobús poco después de las nueve y media, Kreutz sabía que se dirigiría directamente a su andén. Veinticinco minutos después, ya en la línea 8, pensó que con eso el tiempo no pasaría más rápido. Cuando vio la escalera eléctrica, cayó en la cuenta de que podía subir, quizás todavía hubiera un quiosco abierto para comprar un periódico. Como ya había llegado aquí y todas las tiendas ya estaban cerradas, y puesto que no había respirado ningún aire fresco en más de diez horas, tomó la escalera eléctrica que conducía al andén del ferrocarril urbano. En el último momento, suprimió el impulso de silbar.

Primero vio su gorra desde atrás y sólo el temor de parecer aún más ridículo impidió que Kreutz bajara corriendo la escalera en sentido contrario. Pero ya era tarde, porque ella lo descubrió y los ángulos de sus labios se contrajeron como si quisiera reír, y los naipes pasaban volando entre sus dedos todavía más rápido que ayer. Kreutz se acercó directamente al tablero del horario, apoyó sus manos en las caderas y sus ojos recorrieron desde la primera hasta la última estación de la línea 7 del tren urbano, formando con los labios los nombres de las distintas estaciones, como si tratara de recordar con gran esfuerzo el camino, momentáneamente olvidado, a la casa de una vieja tía. Después de haber repetido tres veces todo el recorrido y sin saber aún lo que debía hacer, Kreutz inclinó la cabeza como si entendiera y se sentó en una banca vacía. El próximo tren de la línea 7 salía hasta dentro de 23 minutos.

Esta vez ella llevaba un saco corto de tweed color beige con una falda ceñida de lana estampada con gruesos cuadros gris y morado. Evidentemente, trabajaba en la solución de hileras de naipes especialmente complicadas. De todos modos, parecía tan absorta que Kreutz no se dio cuenta de que ella se acercaba cada vez más. De pronto, estaba sentada a su lado. Por primera vez en su vida, Kreutz envidió a la gente que fumaba. La baraja estaba tan gastada que Kreutz decidió comprarle mañana temprano una baraja nueva, o mejor dos o tres. Se reclinó hacia atrás, miró aburrido hacia el techo de la estación —justo alguien que espera—; de repente, las palomas allá arriba lo asustaron, mientras observaba de reojo el juego, cuyas reglas todavía no captaba. Luego se dio cuenta de que el juego era dominado por una flamante sota de corazones y se espantó a morir. En ese mismo momento se le ocurrió que había olvidado por completo ver si estaban presentes las tres ancianas. La mujer depositó el grasiento siete de tréboles, el sucio as de picas, la arrugada sota de diamantes, sacó el mugroso ocho de corazones, el desteñido dos de tréboles y la manchada reina de picas, pero guardó en su mano la flamante sota de corazones, independientemente de todas las demás constelaciones. Kreutz apenas si se atrevía a respirar. Cuando, después de una eternidad que pasó volando, el tren de la línea 7 se detuvo, Kreutz subió, porque no hubiera encontrado ninguna otra posibilidad de abandonar el lugar sin perder la dignidad. Bajaría otra vez en la estación Este y desde ahí caminaría hacia su casa; le tomaría un cuarto de hora. En la puerta se dio vuelta y estaba seguro de que la mofa en la boca de ella se refería a él.

Contra su costumbre, Kreutz se sirvió un coñac doble, después de haberse quitado el saco azul y la corbata. La botella era un regalo de su colega Scholz, que temía que si lo visitaba, Kreutz sólo le ofrecería cuando mucho un té. El licor lo calentó desde adentro como sólo lo podía hacer un pensamiento.

En medio de la noche, Kreutz se encontró de repente sentado en la cama, totalmente despierto y erguido. Justo a su lado, una voz familiar había dicho su nombre tan clara y nítidamente como quien, sin duda, lo ha reconocido a uno y está seguro de que con esto empieza algo grande. Kreutz sabía que era la voz de ella, aunque nunca antes la había escuchado. Miró el reloj como si necesitara una prueba; eran las cuatro en punto, no las cuatro y cinco ni cinco para las cuatro, y ninguna luna brillaba a través de la ventana.

En la mañana, Kreutz no pudo comer ni tampoco leer. Se fue temprano al aeropuerto con la esperanza de apresurar así el día. Al empezar el trabajo, Waller, el jefe en turno, lo llamó a su oficina y le dijo que no le quería dar muchas vueltas al asunto, pero que varias colegas se habían quejado de su horrible olor de boca, que si no podría chupar unas pastillas, que lo hiciera por los pasajeros, que después de todo eran clientes, lo que significaba que todos vivíamos de su dinero y, por lo tanto, esa gente tenía derecho a un buen servicio... pastillas contra la tos, por ejemplo.

Kreutz sentía arder sus mejillas, balbuceaba algo sobre su estómago delicado, que lo sentía mucho, que por supuesto compraría menta ahora mismo en la pausa.

"Me has llamado por mi nombre", pensó Kreutz en el camino hacia la oficina de control y sonrió, "me tienes en tu mano".

Como no sabía cuál de sus colegas lo había acusado, en el futuro no iba a confiar en ninguna, pero no lo dio a notar. Tenía el corazón ensanchado. En otras circunstancias hubiera sido un día horrible.

Ella estaba sentada en el mismo lugar que la noche anterior y barajaba las cartas. Cuando lo vio llegar, lo saludó brevemente con la cabeza, como se saluda a un viejo conocido que entra a un local frecuentado por ambos. Kreutz se sentó a su lado y se preguntó si ella se habría levantado de allí desde ayer. La sota de corazones, mientras tanto, había perdido su juventud. Ella tuvo que haber jugado sin parar. Como Kreutz no había buscado ningún periódico, hoy le quedaban veinticinco minutos hasta la llegada de la línea 7, pero finalmente eso ya no tenía ninguna importancia. La observó, ella le sonrió de lado entre dos naipes, no había razón alguna para pronunciar una palabra. Así estuvieron sentados por largo rato y Kreutz olvidó quién había sido y qué había hecho durante todos esos terribles años anteriores.

De pronto, ella tomó su mano, lo levantó de golpe y lo condujo al extremo del andén, donde el techo de la estación ya no ocultaba el cielo. Las estrellas brillaban, las luces de la ciudad desaparecieron. Los ojos de Kreutz siguieron la línea de su brazo y de su índice hacia el infinito: allá arriba estaba *Sonderborg*, una bola de nieve que venía del otro extremo de la vía láctea y cayó. Kreutz vio cómo se acercaba a una velocidad vertiginosa, cómo brillaba cada vez más, casi intolerable y completamente bello; sintió que la mano de ella tiraba de él, decidida pero sin violencia. Se sintió ligero como un pétalo de cerezo y pesado como la tierra recién arada y delante de él se extendió un resplandor en medio de la noche: la mirada de ella, y hacia allí se lanzó.

© 2001 by Christoph Peters.

TODO*

Georg Klein
Traducción de Marta Pascual

El control lo es todo en la práctica; sin embargo, la teoría de la vigilancia total es una verdadera locura, aunque, *de facto*, todos suframos sus consecuencias. Desde el lunes por la mañana el SU1 ha quedado abierto al paso de transeúntes sin restricción alguna. El alcalde de la ciudad en persona cortó el listón inaugural. La pequeña banda de metales de la unidad de la policía federal de fronteras que lleva el nombre de *HAUPTSTADT*** entonó la canción *DAS IST DIE BERLINER LUFT**** y, tras una semana de pruebas, empezamos el primer turno real de vigilancia.

Trabajamos en tres turnos de ocho horas: el SU1 está abierto las veinticuatro horas del día. Nuestra base de operaciones son cuatro barracones de oficinas situados en el acceso Este. Tendremos que permanecer aquí instalados hasta que esté terminada la remodelación de la estación y tendremos que recurrir a la improvisación en algunas cosas. Ya ayer, el se-

---

* Tomado del volumen de cuentos *Von den Deutschen* (De los alemanes, Reinbeck, 2002).
** En español *Capital*. [N. de la T.]
*** Marcha popular cuyo título traducido al español sería *Éste es el aire berlinés*. [N. de la T.]

gundo día, tuvimos un pequeño anticipo de todo lo que puede suceder: un simple chubasco inundó la sala de vigilancia por video del barracón 1 y todos los monitores se apagaron. Por suerte, se pospuso el cambio de turno para que pudiéramos operar con el doble de hombres durante el tiempo que duró la reparación. No sucedió nada grave. En el túnel izquierdo —de los dos túneles Norte, el que es algo más corto— acuchillaron a un empleado de limpieza, pero nuestros perros lo encontraron a tiempo y pudimos sacarlo del charco de sangre en el que yacía y subirlo en el ascensor del andén del tren suburbano hasta la ambulancia.

El SU1 es el primero de los tres grandes pasos subterráneos nuevos en forma de mariposa de la estación central. Por razones técnicas, los otros dos pasos subterráneos no se pueden terminar hasta poco antes de la reapertura de la estación, una vez que esté completamente renovada. El SU1 consta de cuatro entradas principales con escaleras eléctricas dobles, ocho túneles de acceso ramificados para metro, trenes suburbanos y trenes de largo recorrido, una nave central de dos plantas y cinco tramos subterráneos más anchos que conforman los pasajes comerciales, las llamadas TRAMPAS DE CRISTAL. Dispongo de nueve hombres por turno para todo el complejo. Nuestros clientes, los transeúntes, la gente de los túneles, nos han aceptado enseguida como algo natural a pesar de nuestro nuevo uniforme de un rojo extremadamente llamativo; nos ven y no reparan en nosotros. Nos consideran como un órgano del SU1 y he pedido a cada uno de los hombres por separado que acepte tal condición con orgullo colectivo.

En el trabajo quiero a mis hombres como un padre; no obstante, esta mañana he tenido que enviar un fax a la central con la primera SOLICITUD DE RETIRADA INMEDIATA DEL SERVICIO. El hombre recomendado para el despido, un vigilante joven e indudablemente capacitado, practicante exitoso de artes marciales y, en el fondo, también mentalmente equilibrado, me pidió con lágrimas en los ojos una segunda oportunidad. Con todo el dolor de mi corazón tuve que desestimar sus ruegos. Lo había sorprendido al inicio del turno en los sanitarios del barracón. Qué se puede hacer con un fumador. El que tiene que fumar, tarde o temprano querrá fumar a cielo abierto y, entonces, cualquiera de los 27 ascensores del SU1 sería una deliciosa tentación, al fin y al cabo siempre se encuentra a algún compañero comprensivo que se hace de la vista gorda. Fumadores, bebedores y parejas de enamorados son las fisuras naturales de cualquier equipo de seguridad. La aparición de estas debilidades no puede evitarse, pero tolerarlas equivaldría a un suicidio moral insidioso.

El guarda, al que he suspendido del servicio esta mañana, estuvo ayer siguiéndoles el rastro a los reproductores de fotografías. Hace tiempo que conozco los aspectos teóricos del delito al que ahora nos enfrentamos en la práctica. En el último seminario de dirección de equipos —un curso intensivo anticrisis de tres días en Francfort— se estudiaron problemas similares. Se trata del límite extremadamente sutil entre el uso ilegal de los medios y la prostitución juvenil. Nadie quiere quemarse los dedos con estos casos tan delicados y, menos aún, nuestro viejo cuerpo policial. Naturalmente, algunas asociaciones dedicadas a la protección de la niñez y la juventud están ansiosas de involucrarse en el tema, pero seguirles el juego a estos parásitos de situaciones críticas no es más que echar leña al fuego. Tenemos que limpiar el SU1 de los reproductores de fotografías con nuestros propios medios. Como siempre, trataremos de poner en práctica simultáneamente las dos estrategias principales en seguridad, es decir, la OBSERVACIÓN PRESENCIAL y el TERROR POSITIVO.

No pienso perder tiempo. Dejo constancia en la agenda electrónica del uso de vestimenta civil y videocámara y me pongo en marcha junto con el gordo Michalsky. Michalsky no tiene muchas luces, pero sus dedos rosados como salchichas manejan la minivideocámara con gran destreza. El campo de acción de los reproductores de fotografías se encuentra a un lado de la nave inferior. En ese punto, el túnel principal que conduce a los trenes de largo recorrido se ensancha para desembocar en el pasadizo comercial más grande de los cinco que existen. Es la clásica trampa de cristal, la típica planta que aparece en los libros de texto de seguridad en instalaciones. Cada una de las pequeñas boutiques, cada una de las diminutas tiendas dispone como mínimo de dos entradas:

un minilaberinto de angostos pasillos comerciales, cuya estrechez se ve aumentada por los artículos expuestos en el exterior. Para proporcionar una sensación de altura, el plafón bajo está provisto de placas de aluminio brillantes. Los espejos de gran formato simulan longitud y profundidad en el interior de las tiendas. Los probadores de las *boutiques*, los reducidos anaqueles de mercancías, los apartados para minicajas fuertes, refrigeradores y máquinas de café resultan igualmente nefastos cuando se requiere campo de visión. Esta misma primavera, en la estación central de Leipzig, reabierta recientemente, durante la que hasta ahora ha sido la última masacre en una trampa de cristal en Alemania, los guardas de seguridad y los policías se arrastraron como caracoles en una especie de *slalom* por un pasillo similar, buscando en vano un ángulo de tiro libre. El culpable —un jubilado anticipado con síntomas de depresión—, armado únicamente con una pistola de poco calibre, se apuntó la soberbia cifra de cinco muertos y once heridos antes de dispararse él mismo en un ojo, con lo cual terminó de redondear la media docena.

La arrendataria de la *boutique* CHEZ ELFIE nos espera. Es una mujer locuaz entre los cuarenta y los cincuenta años, es decir, en edad desesperada. Las comisuras de sus labios tiemblan en una mueca asimétrica cuando estrecha mi mano y la de Michalsky. Intenta disimular lo mucho que le molestan nuestros propósitos, pues tiene que llevarse bien con el servicio de seguridad. Su negocio pertenece a una cadena comercial. La empresa matriz suministra el material y la tecnología y los arrendatarios trabajan por su propia cuenta y riesgo. La pieza principal de la tienda es una impresora láser de color pastel. La señora Elfie se dedica a la impresión de camisetas. Los clientes pueden escoger los motivos en distintos catálogos temáticos o traer sus propias fotografías. La señora Elfie me explicó por teléfono que los motivos de terror (vampiros, esqueletos, zombis) son los preferidos de los catálogos. En cambio, los temas favoritos de las fotos que traen los clientes son los retratos de niños pequeños o de mamás con bebés.

Nos escondemos en el minúsculo almacén de la tienda. Michalsky y yo tenemos que compartir el escaso metro cuadrado con montones de paquetes de camisetas, una aspiradora y un sanitario portátil. En realidad, los contratos de arrendamiento de los locales prohíben la posesión de este tipo de sanitarios, pero ahora tenemos asuntos más importantes y resulta un alivio tener al menos un lugar donde sentarse. Los tabiques de todos los establecimientos están provistos de espejos unidireccionales. Existe la posibilidad de solicitar el servicio de una agencia de detectives especializada en almacenes y pasajes comerciales cuyos empleados controlan estos puestos de observación por horas. La señora Elfie dice que puede vigilar sus camisetas ella sola, cosa que no dudo, como tampoco me cabe duda de que se ha percatado de las actividades de los reproductores de fotografías, las ha comprendido y las ha tolerado en aras de la buena relación comercial.

Esperamos. La videocámara está montada en su trípode de delgados miembros. Michalsky me ofrece medio bocadillo. Lo acepto aunque no me gusta el jamón cocido. El compañerismo es un valor esencial en seguridad. El intenso olor a desinfectante del excusado portátil de la señora Elfie me ayudará a tragar el jamón dulzón. Apenas acabo de dar el segundo mordisco cuando aparecen los reproductores de fotografías. Su aspecto coincide con la descripción que me hizo el compañero despedido. Seguro que vienen del CENTRO DE MEDIDAS TRANSITORIAS DE FOMENTO DE LA FORMACIÓN, que la falta de visión de los responsables en planificación educativa llevó a emplazar justo al lado de la estación central. Probablemente esta mañana estos tres adolescentes han estado practicando trabajos de carpintería o de alfarería o aprendiendo a reparar ecológicamente llantas de bicicleta de montaña con la ayuda de germanistas reciclados. El más alto —al que los otros dos, más bajos, siguen como si fueran peces piloto— a duras penas podría ser mayor de edad. Los otros dos no tienen todavía dieciseis años. El cabecilla lleva dos fotos recién reveladas en las manos; las sostiene por los extremos y las abanica en el aire para que se acaben de secar por completo. Las fotos proceden de la cabina automática de fotos tamaño carnet y pasaporte que se encuentra a la vuelta de la esquina, donde los dos más jóvenes se han bajado los pantalones. Ahora quieren imprimir las fotos en camisetas. Nuestro sagaz ex colega observó todo el proceso de producción y distribución. De cada fotografía se imprimirán varias camisetas. Los modelos se ponen un ejemplar con fines publicitarios y entonces empieza la ronda de venta. Con instinto seguro, los chicos identifican a los clientes potenciales, los abordan directamente y, cuando están delante, se abren la chaqueta. Dijéramos que de este modo se presentan a sus clientes por duplicado, en imagen real y a modo de fotografía obscena. Ayer agotaron sus existencias en poco más de una hora.

Los modelos fotográficos se han separado. Ahora habrá que volver a pensar la manera de proceder. Los dos bajitos han salido de la tienda para la ronda de venta. El alto ha entrado en el probador con varias camisetas con motivos de miedo. Envío a Michalsky con la videocámara detrás de los bajitos. Las cintas de video son una prueba de oro, pero si todo sale según los planes, en este caso no necesitaremos el material gráfico. A mí me toca el cabecilla de la banda. La teoría del terror positivo nació de la práctica; tiene su origen en la pacificación eficaz de los parques públicos de Los Ángeles. En cuestiones de seguridad podemos aprender mucho de los gringos. La idea de terror positivo consiste en proporcionar estímulos mentales, estímulos que el cliente negativo no puede rehuir de un modo habitual.

Abro por completo el cierre de mi cazadora de cuero y me acerco al pecho lo más posible la funda del arma. Es importante que vea bien el volumen de la empuñadura negra y estriada. Mis hombres van armados con pistolas de gas y porras. Sólo el jefe del grupo, sólo yo, estoy autorizado a usar un arma con balas de verdad. Es una HECKLER & KOCH MEGA, diseñada por encargo de la policía municipal de Singapur y que hasta ahora se exportaba única y exclusivamente a la metrópoli malaya. En territorio europeo existen escrúpulos irracionales frente a las armas de gran calibre. Por eso los primeros en introducir la pistola más grande de producción alemana en el escenario nacional fuimos nosotros.

Salgo de mi escondite y en tres zancadas me sitúo delante de las cortinas del probador. Llego en el mejor momento: el cabecilla de los reproductores de fotografías se está poniendo precisamente una camiseta por la cabeza. Le doy una patada en la barriga y, cuando se tambalea hacia delante, aprovecho para pegarle un puñetazo en la nuca. Luego, un golpe con la rodilla en el pecho lo lanza de nuevo hacia atrás contra la pared trasera del probador. El chico jadea intentando recuperar el aliento y me mira aterrado. El método del terror positivo pretende conseguir una disposición total y se dirige a todos los sentidos. Quien haya sentido y visto, quien haya probado el sabor de su propia sangre en la boca y percibido el olor de su cuerpo al sudar de miedo, es capaz de asimilar mejor los mensajes verbales. Ahora voy a echarle un pequeño discurso a mi cliente negativo.

No he pronunciado mi discurso. Todo ha resultado muy diferente, pero la desgracia que me ha sucedido, la miseria en la que estoy sumido en estos momentos no pone en tela de juicio el concepto fundamental del terror positivo. En casos excepcionales, vicisitudes de la práctica pueden llevar al absurdo las mejores estrategias. Ser consciente de ello y tenerlo en cuenta es un componente evidente de cualquier plan de vigilancia permanente. Respiro profundamente. Los dedos de la mano derecha me sudan sobre la empuñadura de la Mega que sigue enfundada en la sobaquera. El arma está atada a la guía metálica de la funda de la pistola con un alambre precintado. Si extraigo la pistola y rompo el precinto, mañana de madrugada tendré que presentar un informe oral ante el director regional.

Mientras tanto, afuera, delante del probador, reina una actividad febril. La cortina se abre dejando un resquicio y veo que la señora Elfie está muy ocupada. Casi una docena de muchachas extranjeras se agolpan alrededor de la copiadora láser, riéndose y hablando entre ellas. Japonesas no son; chinas tampoco. Quizás han llegado a parar a nuestra capital desde el enorme archipiélago indonesio. Si ahora sucediera lo peor, sería imposible evitar un baño de sangre. El establecimiento es pequeño y ninguna de las chicas está a más de seis metros del probador; ninguna estaría a salvo de los fragmentos. Únicamente la señora Elfie se encuentra en una posición más o menos favorable en el ángulo muerto detrás de la caja.

Lo que el chico sostiene con ambas manos atrae mi vista, pero sigo intentando mirar fijamente su rostro y no la cosa que asoma entre sus dedos. Está tumbado en el suelo con el torso desnudo y la camiseta a medio vestir alrededor del cuello. Todavía le sale sangre de la nariz. En la pared de nuestro barracón cuelgan tres carteles informativos de la policía que muestran las armas más importantes introducidas en el mercado negro alemán procedentes de los arsenales de los antiguos estados del Pacto de Varsovia. Naturalmente, no es del todo seguro que la cosa que el chico sostiene entre los dedos sea potente. También existen granadas de mano del mismo tipo para entrenamiento. Así, tumbado ahí en el suelo con el rostro sucio de mocos, sangre y lágrimas, veo ahora claramente que el cabecilla de los reproductores de fotografías todavía no tiene dieciocho años.

Mueve las manos. Se palpa el bolsillo derecho del pantalón sin soltar la granada de mano y logra sacar los cigarrillos del pantalón. En la cajetilla se encuentra también su encendedor de gas. Consigue ponerse un cigarrillo entre los labios y encenderlo sin tener que quitar el índice de la mano derecha de la anilla disparadora de la granada. La voluntad y los movimientos finos operan a la perfección y, aunque sigue llorando, aunque su nariz sigue sangrando, su rostro dibuja una mueca victoriosa. ¡Ay! ¡Cómo le entiendo! Contemplo, no sin simpatía, cómo orgullosamente echa grandes bocanadas de humo y, en lo general, estoy de acuerdo con él: el control lo es todo en la práctica, aunque la teoría de la vigilancia total siga siendo la locura cuyas consecuencias nos afectan a todos.

CUARTA PARTE
VIEJOS MAESTROS

WILLENBROCK*

CHRISTOPH HEIN
Traducción de Lucía Luna Elek

SE ACUCLILLÓ FRENTE A LA PEQUEÑA ESTUFA de fierro fundido y acercó un cerillo al papel arrugado y a las rajas de madera apiladas sobre él. Luego cerró la puertecilla y esperó. Cuando escuchó el chisporroteo del fuego, levantó la tapa superior y arrojó dentro algunos leños. Se limpió las manos con un trapo que estaba junto al escritorio y se sentó. Sacó una revista de una gaveta y empezó a hojearla, mientras con una mano pescaba el único cigarrillo que había en la bolsa de su chaqueta y lo encendía. Durante la noche había soñado que corría por un puente peatonal, que pasaba sobre las vías del tren. Ahora, mientras contemplaba a las muchachas desnudas, reflexionaba dónde podía haber visto alguna vez ese puente interminablemente largo. En su sueño había perseguido a un hombre que corría delante de él, sin que lo pudiera alcanzar. Todo el tiempo corría detrás de él, siempre a una misma distancia. No sabía por qué lo perseguía, no sabía si se conocían, si tenían algún compromiso o qué era lo que lo vinculaba con ese hombre.

* Capítulo 1 de la novela del mismo nombre.

Ni siquiera sabía en realidad quién era ese hombre. Lo único que recordaba era ese interminable puente y sus postes diagonales a lo largo de los cuales corría, el resonar metálico de los pasos, los suyos propios y los del hombre al que perseguía. El puente le parecía familiar. Tenía la sensación de que alguna vez ya había caminado por él, pero las imágenes poco claras, más bien difusas, que pasaban por su mente, no lograban aclararse por más que se esforzara.

Fue sólo un sueño tonto, se dijo, y contempló con cansancio y decepción a las jovencitas que le ofrecían sus pechos y le sonreían de manera invitadora. Cerró de golpe la revista y volvió a meterla en su escritorio, en un cajón en el que había un montón de cuadernos similares.

Frente a la puerta del remolque se escuchó un ruido. Levantó la vista y vio que la manija se movía. Se puso de pie, se dirigió hacia la puerta, quitó el cerrojo y la abrió. Frente al carro había seis hombres que lo miraban en silencio, de manera expectante.

—A las nueve —dijo y tocó con la punta de los dedos su reloj de pulsera—. Abrimos a la nueve.

Miró hacía el portón. Estaba abierto, había olvidado cerrarlo cuando ingresó al lote por la mañana. Los hombres lo miraron con una turbada sonrisa de incomprensión y él repitió: "A las nueve". Como los hombres seguían en silencio, añadió: "*Dewjatj schasow*". Luego asintió varias veces con la cabeza, dio un vistazo alrededor del espacio cercado y volvió a entrar en el remolque. Cerró la puerta, se dirigió a la estufa, con unas pinzas apropiadas arrojó unos cuantos carbones a la leña ardiente y volvió a sentarse frente al escritorio. Sacó una tras otra las gavetas para, luego de echar un ojo a los papeles que estaban adentro, volverlas a meter de golpe. De la que estaba hasta abajo tomó un montón de contratos, sujetos por una grapa, y los revisó hoja por hoja. Cuando encontró lo que buscaba, tomó el teléfono, marcó el número que se indicaba y luego negoció por un largo rato la adquisición de un sistema de aire acondicionado. Después volvió a hojear los papeles, seleccionó un nuevo número de teléfono y habló con el jefe de un taller de laqueado.

Cuando un hombre tocó con los nudillos en el vidrio, se levantó sin interrumpir la conversación y abrió la puerta para dejarlo entrar. Volvió a sentarse frente al escritorio, colocó las piernas sobre la superficie de la mesa y le hizo señas con la cabeza al recién llegado, mientras seguía en el teléfono. Cuando terminó de hablar colocó el pequeño aparato en la bolsa de su chaqueta y se dirigió al hombre que se había sentado en el pequeño y raído diván.

—¿Qué estamos haciendo mal, Jurek?

—¿Mal? ¿A qué se refiere?

—Están ahí parados delante de la puerta por más de una hora, para comprarme estos automóviles antediluvianos. ¿Por qué la mitad de Varsovia viene conmigo? ¿Doy demasiado barato? ¿Vendo estos trastos oxidados a un precio demasiado bajo? ¿Debería pedir por cada uno de estos carros por lo menos mil más?

—Tenemos buen renombre, jefe. Se sabe que aquí todo es de calidad. Mis compatriotas saben que Jurek compra y vende sólo buena mercancía. Los mil marcos debería mejor dármelos a mí.

—Voy a reflexionar sobre ello, Jurek. Finalmente da lo mismo si me arruina mi empleado o el Ministerio de Finanzas. ¿Quieres un café?

El polaco declinó: —Tenemos que abrir, jefe.

Tomó consigo un montón de papeles del escritorio; luego, los dos hombres se pusieron de pie y salieron. El comerciante de automóviles se detuvo sobre la pequeña escalera de madera que daba acceso al remolque y contempló en silencio a los hombres que se encontraban parados frente a él y el espacioso lugar dispuesto para la exposición de autos. Jurek bajó y habló con los hombres. Les planteó sucesivamente algunas preguntas e hizo algunas anotaciones. Luego le hizo señas a uno del grupo para que lo siguiera y caminó con él por el lote hacia uno de los autos exhibidos. Los demás hombres los siguieron con lentitud, se mantenían a cierta distancia de ellos, pero se esforzaban en no perderse nada. Era un puñado de hombres jóvenes, vestidos con trajes oscuros y baratos y con las camisas abiertas, que visitaba asiduamente el lugar para valorar los coches que se encontraban ahí alineados.

Uno de los hombres se quedó parado frente al remolque. Señaló el letrero con el nombre y los horarios de oficina: —¿Es usted aquí el jefe?

El hombre que se encontraba sobre la pequeña escalera de madera asintió. Luego bajó los dos escalones restantes y se presentó: —Mi nombre es Willenbrock. ¿Qué puedo hacer por usted?

El hombre señaló hacia un automóvil que estaba parado en la puerta de ingreso y preguntó si Willenbrock estaría interesado en comprárselo.

—¿Cuánto tiempo tiene el coche?

—Ocho años —contestó el hombre. Sacó de su abrigo los papeles del automóvil y se los extendió a Willenbrock. Fueron hacia el auto. El comerciante dio una vuelta alrededor del vehículo, pasó su mano sobre la pintura, abrió la puerta del conductor y se sentó por un momento en su interior. Después de que se bajó, le dio otra vuelta al coche y golpeteó varias veces con la punta del pie una de las llantas.

—¿Cuánto quiere por él?

—No sé. Usted es el especialista. ¿Cuánto me daría usted por el coche?

—¿Quiere usted que realmente sea yo el que fije el precio? Entonces diría que cien marcos.

El hombre sonrió mortificado: —Yo pensé en cinco mil. Eso fue, en todo caso, lo que me aconsejaron en mi taller.

—Entonces véndaselo al taller.

—Ellos no compran automóviles usados.

—Bueno, entonces tampoco deberían lanzar nomás así esas cifras al aire. Le ofrezco dos mil marcos.

—El vehículo viene de primera mano. Vea el tacómetro, he viajado muy poco con él.

—Demasiado poco. El kilometraje suscita desconfianza. Algunos miles de kilómetros más serían más creíbles.

—Las llantas están completamente nuevas.

—Eso lo vi. Precisamente por eso le estoy ofreciendo tanto dinero. Las llantas son lo mejor. Las tomaría aun sin el automóvil.

Willenbrock le pidió que levantara el capó del motor y que encendiera el vehículo. Volteó la cabeza en busca de los hombres que, junto a la cerca de alambre, se encontraban parados alrededor de una pequeña camioneta de carga y llamó con voz fuerte a Jurek. Cuando el polaco se volvió hacia él, levantó el brazo derecho y, con un corto y autoritario ademán, le ordenó que viniera hacia donde él se encontraba.

—Quiero que veas el coche, Jurek. Tú crees que vale todavía dos mil marcos?

El polaco metió la cabeza debajo del capó del motor, escuchó los ruidos de éste, probó los cables y las mangueras y pasó los dedos por el vibrante bloque del motor. Luego se enderezó, se limpió cuidadosamente los dedos con un trapo y miró a su jefe.

—Pierde aceite. La junta está defectuosa. Pero, por lo demás, el coche no representa ningún problema. Tenemos peores máquinas en el lote.

Lanzó una mirada de reojo hacia el propietario del automóvil y luego regresó a donde los hombres lo esperaban.

—Entonces dos mil —repitió Willenbrock—. ¿Está usted de acuerdo?

—Yo contaba con más.

—Eso lo comprendo. Yo, en su lugar, también diría lo mismo. Pero más no le puedo pagar; finalmente lo que quiero es revender el coche.

Esperó pacientemente alguna reacción del hombre, que observaba su auto de una manera tan escudriñadora como si lo estuviera viendo por primera vez.

—Estoy de acuerdo. Usted hace un muy buen negocio, pero yo no tengo tiempo.

—Claro que hago un buen negocio. Por eso llevo adelante mi empresa. ¿Pues qué se imaginaba usted? Venga conmigo.

Entró en el remolque y el hombre lo siguió. Willenbrock le solicitó que tomara asiento en el diván. Sacó del escritorio algunos formularios y empezó a llenarlos, para lo cual consultaba constantemente los documentos del vehículo que le había entregado el hombre.

—¿A quién le vende todos estos coches?

—Estos se van casi todos para Europa del Este. Polonia, Rusia, Rumania; es como un barril sin fondo.

—¿Eso significa que su negocio marcha muy bien?

—Estupendamente. Si no fuera porque el Ministerio de Finanzas me desvalija, sería casi insoportable.

—¿Entonces por qué no me paga lo que realmente vale el coche?

Willenbrock dejó de escribir y levantó la vista. Luego se rió.

—¿Necesita alguna factura, alguna nota? De otra manera puedo añadir todavía otros trescientos marcos.

—No. No necesito ningún recibo. ¿Para qué?

De la bolsa interior de su chaqueta Willenbrock sacó un puñado de billetes y contó lentamente sobre la mesa la suma acordada y la cantidad adicional.

—No sólo le tomo su coche viejo, sino que también le quito un problema. Vea usted la venta desde esa perspectiva.

Extendió hacia él dos papeles para que los firmara, selló todo, metió los documentos y las llaves del vehículo en un sobre y lo colocó en una de las gavetas del escritorio. Se puso de pie y entregó al hombre que estaba sentado en el diván el dinero contado y los papeles sellados. Éste les lanzó una mirada de desaprobación y los guardó en su bolsa sin decir palabra.

—¿Qué había antes aquí? No me puedo acordar exactamente, pero sé que había otra cosa.

—Era una jardinería —dijo Willenbrock. Tomó nuevamente asiento en su lugar y miró por la sucia ventana hacia el lote—. El horticultor ya no pudo seguir pagando la renta y se mudó a las afueras de la ciudad. De alguna manera eso parece más razonable. ¿Qué tienen que hacer flores y cabezas de col en medio de una gran ciudad? En cualquier caso, resulta más saludable para los vegetales.

—¿Por lo que se ve, se hacen mejores negocios con automóviles usados que con flores?

—Sin duda. Ha sido la mejor idea que he tenido en los últimos diez años. Sólo que mi esposa no está nada contenta por eso. Para ella, todos los comerciantes de automóviles son sinvergüenzas y delincuentes. Se niega, siquiera, a pisar mi negocio. A mí me hubiera gustado emplearla para la contabilidad y los impuestos; para eso se necesita alguien de la familia, como podrá comprender. Pero no quiere y no se puede contar con ella. Así que le instalé una pequeña *boutique*, con fruslerías para damas bien vestidas y collar de perlas; que sea feliz atendiéndola. Gracias a Dios no dependemos de su dinero.

Sacó del escritorio una caja metálica y la abrió. Tomó el fajo de billetes de la bolsa interior de su chaqueta, recorrió su orilla con el pulgar y lo juntó con otro montón que había sacado de la caja.

—¿Puedo preguntarle lo que hacía antes de empezar con este tipo de comercio?

—Soy ingeniero. Trabajé veinte años como ingeniero en una fábrica de máquinas de cálculo, en la Triumphator. Después del cambio, intentamos todo lo posible para sobrevivir, pero no había ninguna oportunidad para nosotros; no teníamos conexiones ni relaciones. Y, por supuesto, ningún respaldo suficiente de capital. Al final, la empresa se quedó tres meses sin capacidad de pago. Alguien, por ahí, me debe todavía hasta hoy tres meses de mi salario, pero no hay nadie a quien se lo pueda reclamar. Después estuve desempleado tres cuartas partes del año e intenté colocarme con mi profesión en algún lado. También sin perspectivas. No tiene usted idea de cuántos ingenieros formó este país. En aquel entonces siempre eran demasiado pocos y, de pronto, fueron demasiados. En la oficina de colocación del Ministerio del Trabajo me encontré a la mitad de la Escuela de Ingeniería. No se trató precisamente de un agradable encuentro de profesionistas, se lo puedo asegurar.

Agitó los billetes en el aire. Luego los regresó a la caja, hurgó con los dedos en los otros papeles que había adentro y cerró la tapa metálica. Giró la cerradura de la caja y la hundió nuevamente en la gaveta.

—No fue agradable, pero sí útil. En un momento dado lo comprendí todo y me arranqué. Mi cuñado me puso en la ruta. Él fue quien me propuso comerciar con automóviles usados. Él mismo es constructor de pozos en un pueblo en las cercanías de Bremen. Empezó con sólo dos hombres y ya tiene quince. El muchacho es un genio, comprenda usted; tiene un olfato absoluto, si es que hay algo así. Siempre tiene la percepción correcta. Sale adelante; siempre y en todas partes saldrá adelante. Cuando el Estado se colapsó aquí, él vio su oportunidad. Le dejó su empresa de construcción de pozos a un socio y desarrolló en el Este tres o cuatro mercados de automóviles usados. Durante tres años les sacó jugo, luego los dejó y amplió su antigua empresa. Me presionó para que me autoempleara. Me dejó los coches que ya no pudo vender y con ellos empecé. Hoy hace como si me los hubiera regalado, pero entretanto me he percatado de que también con ellos salió ganando. Simplemente no sabe hacerlo de otro modo. Mi mujer, usted se lo imaginará, no aprecia mucho a su hermano. Ella se inclina más por lo elevado, el arte y esas cosas. Pero el tipo tiene un olfato absoluto. Me empujó al comercio de los coches usados y me consiguió un crédito. Usted entiende, ¿no? ¿Qué banco le prestaría un miserable marco a un ingeniero desempleado? Pero con él a mi lado fue como si cayera una lluvia salvadora sobre mi cabeza de pecador.

Sus manos, con las que había simulado la caída de la lluvia, se detuvieron repentinamente en el aire. Se inclinó hacia delante, miró de manera alentadora al hombre que se encontraba sentado frente a él y le dijo sin rodeos: —Pero basta de hablar de mí. ¿Qué hace usted, si se puede saber?

—Soy pintor.

—¿De brocha gorda o de cuadros al óleo?

—Según su clasificación pertenezco a los que pintan al óleo.

—¡Ah, un artista! ¡Cuánto brillo para mi sombría cabaña! ¿Es usted famoso?

—No.

—¿Y puede vivir de eso?

—Ahí se va.

—Son tiempos difíciles, ¿verdad? ¿Quién, hoy día, compra todavía cuadros al óleo?

Sacó el contrato de compraventa de la gaveta y lo estudió por un buen rato.

—Su nombre me suena conocido. ¿Ha presentado ya exposiciones?

—Varias —contestó el hombre que estaba en el diván—; por aquí y por allá.

—¿También en Berlín?

—Sí.

—Lo sabía. Su nombre me pareció de alguna manera familiar. Yo, personalmente, no siento mucho entusiasmo por el arte, pero mi mujer está absolutamente loca por él. Asiste a cada exposición, va al teatro y todo eso; bueno, usted sabe. Le apuesto a que mi mujer lo conoce. Pongo la mano al fuego por ello, me lo puede creer.

—Se lo creo, señor Willenbrock. Usted ya tiene mi automóvil, yo tengo el dinero. Creo que ahora me tendría que ir. Salude a su esposa de mi parte.

—Si le cuento a ella quién estuvo aquí hoy sentado frente a mí, ¡Dios mío! Ni siquiera me va a creer. Hágame un favor, señor Berger, sólo un pequeño favor. Me gustaría tener una fotografía suya y mía. ¿Es mucho pedir?

—Es mucho pedir, pero si no queda de otra...

Los dos hombres se pusieron de pie. Willenbrock tomó una cámara del armario y le pidió al pintor que se colocara con él en la escalera del remolque. Se adelantó y abrió la puerta.

—Jurek—gritó a través del patio.

—Un momento, jefe.

—No, ven. Ven acá inmediatamente.

El polaco llegó corriendo hasta el remolque.

—¿Sabes quién es, Jurek? Es el famoso pintor Berger. Johannes Berger. ¿Lo conoces?

—No, jefe.

—No tienes cultura, Jurek. Es un pintor muy famoso. ¿Entiendes?

—Entiendo. ¿Puedo ahora irme otra vez? Tenemos clientes.

—Espera. Nos vas a fotografiar. Ten, toma la cámara y sácanos una foto.

—Pero, jefe, tengo las manos sucias.

—No importa, no importa, la foto es más importante.

Se dio la vuelta hacia el pintor: —Tomará sólo un segundo, mi amigo, un solo segundo. Es una cámara instantánea. Podremos ver inmediatamente si salió la foto. ¿Qué pasa, Jurek?

—No sé, jefe. Algo no marcha.

—A ver, dámela, apúrate.

Bajó los dos escalones hacia donde estaba el polaco, lo hizo que le diera la cámara y le dio vuelta en la mano.

—Está vacía. No hay placas adentro, Jurek. ¿Compraste un rollo nuevo?

—Usted no dijo nada, jefe. No hubo ningún encargo.

—¡Qué tontería!

—Disculpe, pero esto sí de veras me da rabia. Ahora qué le voy a decir a mi mujer. Johannes Berger viene a verme y la cámara fotográfica no tiene rollo. Una catástrofe.

—¿Ahora sí me puedo ir, jefe? Los clientes esperan.

—Ve, anda, ve.

—Si otra vez viene por la zona, pase por aquí. Sólo por un segundo. Yo me haré cargo de que siempre haya un rollo nuevo que lo esté esperando.

—Bueno, entonces hasta pronto —dijo el pintor y se rió.

—Espere. Quizás deberíamos hablar nuevamente sobre el precio. Su coche está efectivamente en buen estado. Creo que debería agregar otros doscientos marcos. No quiero abusar de usted. Aunque, por otra parte, tengo también que volver a vender el coche. Y esta gente no tiene dinero, eso lo puede ver usted mismo. Siempre andan buscando únicamente ofertas baratas. Me compran a mí, sólo para revender en casa.

—Déjelo como está. Hicimos un trato, yo estuve de acuerdo. Que quede así. Hasta luego.

—Y no lo olvide, tiene usted que volver a pasar. Prométamelo, por favor. Si no, mi mujer se sentirá muy desdichada.

El pintor soltó una carcajada y asintió con la cabeza. Cruzó el patio y abandonó el lote.

© Suhrkamp Verlag Frankfurt am Main 2000.

EL ASUNTO CON H.

Hans Joachim Schädlich
Traducción de Edda Webels

El asunto con H. no lo puedo contar completo, porque no estuve presente todo el tiempo.

Puedo contar el asunto con H. en forma incompleta. Si hubiera existido un observador, que hubiese estado presente todo el tiempo, ese observador, en caso de que siga con vida y esté dispuesto a hacerlo, podría contar completo el asunto con H. A fin de cuentas, H. existió. H. vive. Si se observó a sí mismo, no lo sé; no se lo he preguntado. Y aunque se lo hubiese preguntado y él hubiese respondido "sí", es decir, si hubiese dicho "sí, me he observado a mí mismo", yo no sabría si realmente se ha observado a sí mismo. Y si lo supiera, no sabría, sin embargo, si él querría contar el asunto con H., es decir, el asunto con él mismo. Ni si pueda. Quizás quiera, pero no pueda. Quizás pueda, pero no quiera.

Yo sí quiero. Quizás pueda hacerlo, pero sólo en forma incompleta.

No estuve presente todo el tiempo, entre otras cosas por el simple hecho de que soy más joven. Para empezar, hay una laguna temporal de cuatro años.

Pero tampoco estuve presente siempre, porque durante algún tiempo estuve en otra parte. Incluso durante años, si se suma todo.

H. ingresó en la escuela cuatro años antes que yo, al menos en lo que suele llamarse escuela. H. se sentó por primera vez en una banca escolar cuando yo todavía me hacía en los pantalones. Si bien era inusual que a los dos años uno todavía se hiciera en los pantalones, aunque no fuera más que ocasionalmente, yo lo hacía.

Cabe preguntarse si es necesario atenerse siempre a la secuencia temporal de los acontecimientos. Yo no lo creo. De todas maneras, nadie puede decir en qué orden deben mencionarse las estaciones del año.

Una vez en invierno se dijo: "Hoy nosotros construiremos un muñeco de nieve". H. y yo éramos "nosotros". Yo tenía entre cuatro y cinco años de edad. Nunca antes había construido un muñeco de nieve, ni siquiera como parte integrante de un "nosotros". No hace falta que relate cómo se construye un muñeco de nieve. H. me lo enseñó. Cuando H. había colocado la cabeza del muñeco de nieve sobre el tronco de éste, H. me dijo: "Ve a la casa y busca dos trozos de carbón y una zanahoria". H. colocó la zanahoria en el centro de la cabeza del muñeco de nieve. Entonces supe que una zanahoria es una nariz. Arriba de la nariz, H. colocó un trozo de carbón a la izquierda y otro trozo de carbón a la derecha en la cara del muñeco de nieve. Entonces supe, que carbones son ojos.

Una vez en otoño se dijo: "Hoy nosotros vamos a volar una cometa". H. y yo éramos "nosotros". Yo tenía entre tres y cuatro años de edad. Nunca antes había volado una cometa, ni siquiera como parte integrante de un "nosotros". No sabía qué era una cometa. No hace falta que relate qué es una cometa, que se puede volar y cómo se vuela una cometa. Pero la cometa no volaba. Entonces supe que una cometa está hecha básicamente de papel y que eso tampoco ayuda gran cosa si no hay suficiente viento.

Me pregunto si sería más correcto, o sea, más preciso, si en vez de "H." dijera "el H.". Por otra parte, "el H." suena como un apelativo en un acta policial. Mejor no lo escribo así.

Desde que era capaz de sentarme, durante todas las estaciones del año me sentaba a la misma mesa de comedor que H. También lo hice aquel verano en el que, después de la comida, se dijo: "Hoy nosotros vamos a nadar". H. y yo éramos "nosotros". Yo tenía entre cinco y seis años de edad. Nunca antes había ido a nadar. Sólo había ido a bañarme. No hace falta que relate cómo va uno a nadar. Uno va y luego nada. H. brincó a la piscina y nadó. Yo estuve parado en el borde de la piscina y no sabía cómo se nada. H. me llamaba: "¡Ven al agua!" Pero no fui. Entonces H. salió de la piscina y me empujó al agua. Hasta donde recuerdo, grité. Hasta donde recuerdo, le grité: "¡Vas a ver!" El resto del aire lo necesitaba para no ahogarme. H. gritó: "¡Nada!" Yo pataleé, tragué agua, me moví más o menos de la misma manera en que H. se había movido en la piscina y no me ahogué. Entonces supe más o menos cómo se nada.

En una primavera, que aún nos queda pendiente, yo le dije a H.: "Hoy aprendo a calcular". Yo tenía entre siete y ocho años de edad. Es cierto que ya antes había aprendido a hacer cuentas, pero sin éxito. H. dijo: "Quizás eres demasiado tonto. ¿Quieres que te ayude?" Yo contesté: "¡Sale! Seis entre dos". H. dijo: "Seis repartido entre dos. ¿Me entiendes?" H. tomó seis cerillos y dijo: "Reparte los seis cerillos entre nosotros dos". Le di un cerillo a él, me di uno a mí, le di uno a él, me di uno a mí, le di uno a él, me di uno a mí. H. dijo: "¿Cuántos son?" Yo contesté: "Tres". Entonces había aprendido a calcular un poco.

Aún no es demasiado tarde para preguntarme a mí mismo y a otros si vale la pena contar el asunto con H. en forma incompleta. Sólo me lo pregunto a mí mismo. Otros a lo mejor contestarían con un "no" y ahí acabaría todo. Entonces faltaría texto.

En caso de que otros me lleguen a preguntar, después de que yo mismo me he preguntado, diré: "No sé si valga la pena. Ni para quién". Pero puesto que quiero relatar el asunto con H., tal vez yo sí sepa si vale la pena. Tal vez vale la pena para mí. Otros podrían decir: "¿Hemos de escuchar una historia incompleta, sólo porque vale la pena para quien la cuenta? ¿De qué nos sirve a nosotros, que a lo mejor decimos: 'No, no vale la pena!'?"

Yo llamaba madre a la misma mujer a la que H. también llamaba madre. También llamaba padre al mismo hombre al que H. llamaba padre. H. amaba mucho al hombre al que él y yo llamábamos padre. H. no amaba mucho a la mujer a la que él y yo llamábamos madre. El hecho de si yo amaba mucho al hombre al que H. y yo llamábamos padre es muy importante. El hecho de si yo no amaba mucho a la mujer a la que H. y yo llamábamos madre es muy relevante. Este relato incompleto no puede prescindir de tales minucias. Debe quedar bien claro que H. amaba mucho más que yo al hombre al que llamábamos padre. De esta manera también queda claro que el hombre al que llamábamos padre, amaba mucho más a H. que a mí. Debe quedar bien claro que H. amaba mucho menos que yo a la mujer a la que llamábamos madre. Así, también queda claro que la mujer, a la que llamábamos madre, amaba mucho más a H. que a mí. ¿Qué más debe quedar claro? Que la mujer y el hombre a quienes H. y yo llamábamos madre y padre, le decían "el grande" a H. y a mí me decían "el pequeño".

Mientras todo quedaba claro, yo aprendí de H. que existen muñecos de nieve, de qué están hechas las cometas, cómo no ahogarse y por qué seis puede dividirse entre dos.

¿Qué más aprendí de H.? No aprendí de H. cómo se baila con una muchacha. Sólo aprendí cómo se veía una muchacha con la que H. bailaba. Yo había tratado de bailar con una muchacha. H. se acercó a mi mesa y dijo: "¿Quieres ver como se hace?" Yo dije: "Pues sí". H. fue por la muchacha con la que yo había tratado de bailar, bailó con ella y me dijo: "Pues velo". La muchacha reclinó la cabeza sobre el hombro de H. y bailaba muy bonito.

No pude alcanzar a H. y con eso todo queda claro.

Puesto que H. me aventaja por varios centímetros, él era el grande y yo, el pequeño. Como yo era pequeño, sinceramente apreciaba que H. fuera alto. Porque siendo varios centímetros más alto que yo, H. veía más lejos y me decía lo que veía. Veía mucho más lejos que yo y me decía muchas cosas. Sinceramente, me sentía afortunado porque él me decía muchas cosas. A pesar de que yo no alcanzaba a ver muy lejos, me enteré de muchas cosas y así era como si yo también viese muy lejos. Se trataba de una sensación de lejanía.

H. también era el grande y yo el pequeño porque H. era más ágil que yo. Siendo menos ágil, sinceramente apreciaba que H. fuera más ágil. Porque siendo más ágil, H. llegaba a muchas partes a las que yo no llegaba, y me decía: "Tú nunca te mueves del lugar". Sinceramente, me sentía afortunado porque él me dijera eso. Aunque yo no llegara a tantos lugares como él, por lo menos me enteraba de que debía moverme de mi lugar, así que era como si me moviera. Se trataba, por así decir, de una sensación de libertad.

Había concluido lo que se ha dado en llamar escuela y H. vino a la fiesta de graduación, porque el hombre que debía haber asistido a la fiesta de graduación ya no existía. H. vino y me dio tanta alegría como si hubiese venido el hombre que ya no existía. Yo no podía ir a la fiesta de graduación sin un saco decente. Nadie va a la fiesta de graduación en mangas de camisa o con suéter. H. sabía que yo no tenía un saco decente y me regaló un saco decente de su colección de sacos. Como H. me lleva algunos centímetros, vistiendo su saco me veía aún más pequeño de lo que me veo normalmente, pero me veía decente en la fiesta de graduación. H. miraba orgulloso hacia donde yo estaba, y yo miraba orgulloso hacia donde H. estaba.

Puesto que no siempre me ciño a la secuencia temporal de los acontecimientos, no hay problema en mencionar aquí que H. me había comentado alguna vez que su vida realmente había terminado cuando dejó de existir el hombre a quien H. y yo llamábamos padre.

Después de la fiesta de graduación, hice lo que se llama "ingresar en la universidad". (Nunca logré averiguar por qué se dice así.) La universidad estaba en la misma ciudad en que vivía H. Como no tuve éxito en el intento de alquilar un cuarto, H. dijo: "Ven a vivir conmigo". Eso dijo, a pesar de que sólo ocupaba dos cuartos y tenía que compartir la cocina y el baño con otras dos personas que le alquilaban los dos cuartos. A partir de entonces, él sólo ocupaba un cuarto y eran cuatro las personas que tenían que compartir la cocina y el baño.

Aquí, no sé por qué, me viene a la mente un detalle. Solía ocurrir que, por alguna circunstancia afortunada, yo conseguía un cuarto, digamos en la costa, o en las montañas, para pasar algo así como unas vacaciones. La habitación era algún cuartucho cualquiera. Sea por casualidad o no, H. pasaba también una especie de vacaciones en las mismas fechas en el mismo lugar. Me solía visitar y me decía: "Ven a verme. Mi cuarto da a la playa". O decía: "Mi cuarto tiene vista a la montaña". Lo visitaba y veía que su cuarto era tres veces más grande que el mío. Él decía (riéndose): "Tengo una invitación permanente".

Sucedía que, por alguna circunstancia afortunada, yo viajaba a alguna parte para realizar un trabajo en una gran ciudad. El hotel que me pagaban era un hotel cualquiera en las afueras. Sea por casualidad o no, H. también había trabajado en la misma ciudad. Le contaba a H. del viaje, del trabajo y del hotel. H. decía: "Allí siempre me hospedo en el centro".

Ahora voy a cambiar de tono y digo: En aquel tiempo ocurrió que yo... Pero ese tono es ridículo. Así que, más o menos por aquel tiempo, me dio por escribir. Me llenaba de ilusión. ¿Será "ilusión" la palabra correcta? Qué más da. ¿Es "escribir" la palabra correcta? La cuestión es que diversas personas mostraron interés por mi don. Los locales solían mostrar a menudo un interés desconfiado. Los de afuera a menudo se interesaban de manera solícita. Ahora la gente podría preguntar "¿Qué quiere decir 'locales', y qué significa 'los de afuera'? ¿Hemos de fastidiarnos con cosas enigmáticas?"

En aquel tiempo, o más o menos por ese entonces, visto desde aquí, me hallaba detrás de la frontera. Visto desde allá, también me encontraba detrás de la frontera. Detrás de la frontera me hallaba yo y se hallaban los locales. Visto desde allá, los de afuera se encontraban adelante de la frontera. Visto desde aquí, los de afuera también se encontraban delante de la frontera. Los de afuera cruzaban la frontera; los locales no la cruzaban. Los de afuera me visitaban cruzando la frontera; los locales me visitaban detrás de la frontera.

También había locales que se interesaban de manera solícita. Y también había algunos de afuera que mostraban un interés desconfiado.

H. se interesaba de manera solícita y desconfiada. De manera solícita, tal vez, porque para mí era H. Y de manera desconfiada, tal vez, porque hasta ese entonces todo había estado claro.

Quizás éste sea el momento para mencionarlo: H. pertenecía al partido oficial. Esto acaso no suene bien, dicho así, sin ambages.

Un día y otro día, y otro y otros días más, fuereños solícitos coincidieron con locales solícitos, por ejemplo en mi casa. Los de afuera y los locales eran extraños entre sí y sentían curiosidad unos por otros y por el escritor. "Leamos ahora nuestros escritos en voz alta", dijo un fuereño. "Luego nos echaremos en cara nuestros errores —dijo un fuereño—, y nos elogiaremos recíprocamente." Entonces locales y fuereños leyeron en voz alta sus escritos. Luego los locales elogiaron a los fuereños y los fuereños elogiaron a los locales. Luego los fuereños les echaron en cara sus errores a los locales y los locales les echaron en cara sus errores a los fuereños. Bebimos diferentes vinos y fumamos diferentes cigarrillos. Luego comimos sopa. Luego fuereños elogiaron e insultaron a fuereños y locales insultaron y elogiaron a locales. Luego comimos pan. Finalmente, fuereños platicaron con fuereños, locales con locales, y fuereños con locales y locales con fuereños, sobre sopa, pan, cigarrillos, vino, sobre la frontera vista desde allá y la frontera vista desde acá, sobre el partido oficial, sobre fuereños ausentes y locales ausentes, sobre las esposas o los maridos de locales ausentes y de fuereños ausentes y —efectivamente, otra vez sin ambages— sobre la policía secreta del Estado. "¿Viste que un coche nos estuvo siguiendo desde atrás de la frontera hasta la casa?" "¿Viste —¡pues velo!— que en la casa de enfrente hay alguien parado detrás de la cortina desde hace ocho horas?" "¡Pues mira! —¿Ves el coche que nos siguió? Está parado dos casas más adelante, debajo del farol, frente al pequeño portón. En ese coche hay dos tipos ahí sentados desde hace ocho horas."

Entonces bebimos aguardientes locales y fumamos puros de afuera. Luego fuereños les pasaron disimuladamente trabajos escritos a locales y locales les pasaron disimuladamente trabajos escritos a fuereños. Los fuereños guardaron trabajos escritos locales en sus medias, debajo de la camisa, en sus bolsas.

Entonces bebimos aguardientes de afuera y fumamos puros locales. Alguno o alguna contaba chistes fuereños o locales. Algunos rieron.

En alguna ocasión, le conté a H. chistes que había contado alguna o alguno ¿por qué no? En alguna ocasión, le conté a H. quién había contado los chistes. En alguna ocasión, le conté a H. chistes que yo había contado. Así, H. sabía quiénes eran los locales y los fuereños que habían fumado, bebido, leído en voz alta trabajos escritos, comido, insultado y elogiado.

En alguna ocasión, aparecían en revistas de afuera textos locales que los fuereños habían deslizado en sus bolsas, bajo su camisa, en sus zapatos.

En alguna ocasión, apareció en una revista de fuera uno de mis textos que un fuereño había metido en su zapato.

En alguna ocasión, H. apareció en mi casa y comentó que su partido oficial se había mostrado descontento con él. ¿Por qué? Porque en alguna ocasión me visitaba. Porque en alguna ocasión me visitaban fuereños del otro lado de la frontera. Porque los fuereños no tenían nada bueno en mente. Porque yo no tenía nada bueno en mente. Eso lo veía el partido oficial en revistas fuereñas en las que veía impresos mis textos locales.

En alguna ocasión, H. apareció en mi casa y dijo que su partido oficial deseaba que él ya no viniera a verme. Pero que él había rechazado enérgicamente el deseo de su partido oficial.

En alguna ocasión, H. apareció en mi casa y dijo que su partido oficial lo había amenazado con la exclusión si no se distanciaba de mí. Él había tomado en serio la amenaza de su partido oficial y les había contestado: "Por mí, expúlsenme".

Finalmente, H. apareció en mi casa y dijo que su partido oficial lo había expulsado. Dijo que se sentía muy aliviado, ya que ahora podía seguir visitándome.

Entonces nuevamente todo quedó claro.

Pronto ocurrió lo que a veces suele ocurrir muy pronto. El partido oficial, que no me quería, me hizo saber que las cosas no iban bien conmigo.

Le di mis trabajos escritos a una fuereña que los llevó al otro lado de la frontera. Del otro lado de la frontera, mis trabajos escritos llenaron un libro y yo seguía detrás de la frontera.

Uno, a quien el partido oficial le había dado la voz cantante, dijo delante de todo mundo que yo no servía para nada. Que conmigo, en todo caso, podría pasar algo.

Por aquel tiempo... ¡vaya pues!, exactamente entonces, se me ocurrió desaparecer.

Uno, a quien el partido oficial le había conferido la voluntad, quería que yo desapareciese detrás de las rejas.

Pero con dinero todo es más fácil. Con dinero, con el de afuera, fue posible. Me fui, porque tuve que querer irme, al otro lado de la frontera. Y entonces fui un local fuereño.

Voy a omitir todo lo que sigue. Excepto un detalle: yo me encontraba delante de la frontera y H. se hallaba detrás de la frontera, y a mí no me permitían... bueno, dicho de manera directa: el partido oficial local y la policía secreta local del Estado no me permitían ingresar en la zona local y a H. no le permitían venir adonde yo estaba.

Después de algún tiempo, me hubiera gustado volver a ver a H., y a H., después de ese mismo tiempo, también le hubiera gustado volver a verme. De hecho, no estábamos a mucha distancia el uno del otro. H. se encontraba detrás de la frontera, a unos cuantos minutos de distancia de ésta, y yo me encontraba adelante de la frontera a unos cuantos minutos de distancia de ella.

Aparte de la zona de adelante de la frontera y de atrás de la frontera, había una región muy lejana, del lado de la frontera donde se encontraba H. Y hasta allí podía ir H. y yo también podía ir hasta allá. Hasta allí viajé yo y viajó H. y ahí nos volvimos a ver unas cinco o seis veces. Eso nos dio gusto.

No estaría mal hablar acerca de si un relato breve requiere de indicaciones de tiempo. A pesar de que sólo puedo contar de manera incompleta el asunto con H., lamentablemente no puedo prescindir de las indicaciones de tiempo, por los intervalos que hubo. Es que mi texto está muy apegado a la realidad real. Hubiera preferido que fuese de otro modo.

Una docena de años después de haber desaparecido de allí, aparecí en lo que había sido mi rumbo local, porque de pronto la frontera había dejado de existir. Era un "¡hola! ¿qué tal? ¿cómo estás?" interminable.

Si bien yo era un fuereño, casi me sentí en casa cuando me encontré con H.

En algún momento, poco antes, H. se había afiliado a un nuevo partido o H. ingresó a un nuevo partido poco después. Si bien él era local, se sintió casi fuereño cuando se encontró conmigo. Así creo al menos.

Pasaron poco más de dos años desde aquel "¡hola! ¿cómo estás? ¡yo estoy bien!" ¿Y qué pasó entonces? Ya no había un partido oficial, ni había tampoco una policía secreta de Estado. Pero algo quedaba. Y yo lo quería ver. Fui hasta el lugar y lo vi, o más bien lo vi unas diez veces.

Hace una eternidad desde que H., detrás de la frontera, había aparecido en mi casa y había dicho que su partido oficial había amenazado con expulsarlo si no se alejaba de mí. En ese entonces H. había acudido con la policía secreta del Estado y había dicho: "Ya llevo una eternidad trabajando para ustedes y ahora se le ocurre al partido causarme problemas. ¿No sería mejor que yo le dijera al partido 'pues por mí, expúlsenme'?"

La policía secreta del Estado le había dicho a H.: "¡Vaya hombre! Ése, al fin y al cabo, es nuestro Partido y nosotros somos tan sólo su policía". Pero al final, la policía secreta del Estado le había dicho a H.: "Pues bien. Deja que te expulsen del partido. Esto a fin de cuentas le sirve a nuestro partido y nosotros sólo somos su policía".

Entonces H. fue expulsado de su partido oficial, y se sintió muy aliviado porque podía seguir frecuentándome.

Ahora, es decir, una eternidad más tarde, me disgustó enterarme de que H. le había relatado más de una vez a la policía secreta del Estado los secretos que yo había compartido con H.

También había informes sobre allá, sobre aquel lugar remoto del otro lado de la frontera hacia donde yo había podido viajar y a donde H. también había podido viajar y donde habíamos disfrutado nuestros reencuentros.

No estaría mal relatar cómo me sentí cuando llegué a ver esto. Aunque podría relatar de manera completa todo mi disgusto, no puedo prescindir de algunas abreviaciones. A fin de cuentas, mi texto está muy apegado a la irrealidad real. Hubiera preferido que fuese de otro modo.

Pero quedaba algo más. Y lo quería ver.

H. se sintió mal; dijo: "Sí, es cierto. ¿Qué voy a hacer ahora? Tú no fuiste el único del que hablé. Ni siquiera fuiste el más importante".

Dije: "Lo creo. Lo he visto. Ve con los otros y diles: 'Sí, es verdad'".

H. fue con otro y se lo dijo.

Y a mí me preguntó: "¿Qué debo hacer ahora?"

Le dije: "Ve con otro más y dile: 'Sí, es verdad'".

H. fue a ver a otro más y se lo dijo.

Ya mí me preguntó: "¿Qué debo hacer ahora?"

Le dije: "No lo sé".

Sólo puedo relatar de manera incompleta el asunto con H. Y el cuento tampoco tiene un final.

EL OLOR DE LOS LIBROS

WOLFGANG HILBIG
Traducción de Olivia Reinshagen-Hernández

ERAN CERCA DE LAS CINCO DE LA MAÑANA de mi primera noche en Berlín, cuando me llegó el olor sofocante de los libros. La luz o el calor había alborotado sus emanaciones y, después de un rato, el tufo llenaba el alto cuarto cuyas paredes estaban prácticamente cubiertas por enormes repisas que llegaban hasta el techo. Y esas repisas contenían, impresionantes, sin dejar espacio alguno, los segmentos ladrillescos de una vieja biblioteca rusa, en cuyos lomos de curvatura canónica estaban grabados en oro o plata, con noble y generosa uniformidad, ilegibles caracteres cirílicos. Por las interminables hileras de ediciones completas parecían precipitarse grecas similares a las que, siguiendo alguna regla misteriosamente intrincada que ya no logra discernirse, se extienden sobre las entradas de las criptas selladas para la eternidad. Había despertado sobresaltado y bañado en sudor, con la aterradora sensación de ya no poder encontrar ni un solo átomo de oxígeno en toda la habitación, y había encendido la lámpara de la mesita de noche... ante mí se extendía la ondulante resaca de libros, más allá de la luz que arrojaba la lámpara; se perdía en la sombra y se reflejaba en el negro brillo de las ventanas. Arriba de mí se elevaban las vertiginosas catedrales de libros, los incontables compendios del intelecto humano, congelados y de pronto otra vez deshelados: verde claro, rojo tenue, marrón oscuro como el opio. Tuve la sensación de haber despertado en el fondo de la más profunda cañada de un Manhattan quimérico en la que había caído por una terrible pesadilla y cuya imagen no se disipaba ni estando despierto.

No sabía cuántos años hacía que habían traído los libros a esta ciudad. Un barco o un avión los habrá transportado, bajo la vigilante mirada acosada de un endeble intelectual con anteojos que cargaba con la maldición de la persecución, y que se había arrastrado hasta las habitaciones estucadas de este departamento, llevando consigo el extracto del patrimonio cultural de su pueblo que pesaba toneladas. Aquí se había enajenado ante esta posesión que de pronto se había vuelto apátrida y decidió huir a un pueblo en Mecklemburgo para refugiarse con las reses y los cerdos analfabetos, como lo hiciera en su tiempo el león Tolstoi con los vegetarianos.

Alguien me había entregado las llaves, informándome que podría pernoctar durante una semana en el departamento desocupado. Había llegado ya muy entrada la tarde, excesivamente cansado después de una noche en vela por cavilar en vano sobre unos poemas líricos de pobre presentación. Repartí mi equipaje en las sillas, abrí la llave de paso del agua y las válvulas de la calefacción hasta el tope. Me quedé medio dormido, con el abrigo aún puesto; afuera, la nieve caía a través de la oscuridad. Después fui a leer poemas durante una hora, con voz rasposa y acatarrada, sobre el escenario de un pequeño teatro. Balbuceando, había contestado las preguntas del auditorio y, cerca de las once, había tomado un taxi para regresar a la calle donde estaba el edificio con el departamento ruso en el último piso. Las habitaciones se habían calentado demasiado, bajé la calefacción a la mitad, caí sobre el diván que estaba en la biblioteca, cubierta de cojines y cobijas de lana, y me quedé dormido después de unos cuantos minutos.

Antes de eso había estado pensando en la nieve que afuera se iba depositando incansablemente en las calles. Todo Berlín estaba cubierto de nieve, pero parecía haber nieve particularmente en la parte poco iluminada de Prenzlauer Berg donde yo me encontraba. Nevaba como no había nevado en años… Recordaba cómo el taxi, antecedido por la luz amarilla de los faros que casi desaparecía en la ventisca, había avanzado lentamente por esta ciudad, que se había vuelto tan irreal; cómo la mirada nerviosa del conductor trataba de ver a través del parabrisas cubierto de nieve pese a la incesante labor de los limpiadores; sus labios entreabiertos dejaban ver los dientes apretados; parecía sentir repugnancia… como si toda la nieve que caía frente a nosotros tuviera que pasar por su boca en un momento.

Ahora imperaba el silencio en Berlín. Cualquier sonido que aún pudiera haber era reprimido, envuelto en aquella suave masa extraña que caía sin